HORACE VALBEL

Les
Chansonniers

ET LES

Cabarets Artistiques
DE PARIS

PRÉFACE DE CLOVIS HUGUES

Dessins d'Alfred Le Petit

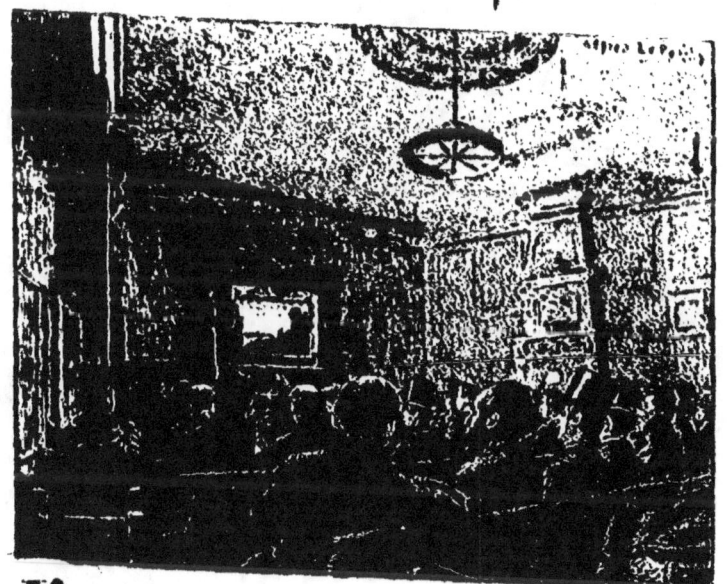

E. DENTU, ÉDITEUR

PARIS

Les Chansonniers

ET LES

Cabarets Artistiques

DU MÊME AUTEUR

Les Chansonniers

ET LES

Cabarets Artistiques

PAR

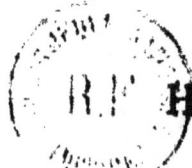 HORACE VALBEL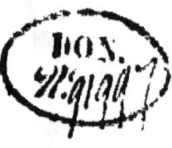

DESSINS D'ALFRED LE PETIT

Préface de Clovis Hugues

PARIS

E. DENTU, ÉDITEUR

3 ET 5, PLACE DE VALOIS, PALAIS-ROYAL

CHAMBRE
DES DÉPUTÉS

Mon cher Confrère,

Je vous envoie le petit arrangement de préface. J'y reproduis ce que j'avais écrit autrefois sur Mac-Nab. L'article avait vécu ce que vivent les articles et les roses.

Grâce à vous, le bouquet refleurit et je vous en remercie.

Bien à vous,
CLOVIS HUGUES.

PRÉFACE

Rien n'est curieux comme la transformation que la Chanson a subie en ces dernières années, surtout dans le genre gai. Elle touche à tout, blague tout, et c'est charmant, parce qu'elle blague bien. Le flonflon s'est envolé; mais elle célèbre la joie sur l'air du *Dies iræ*, vole en papillon sur les ailes de chauve-souris du *De profundis*, accouple le tragique au grotesque, comme dans le drame shakespearien, fait éclater de rire le tombeau, à l'exemple des moineaux de cimetière évoqués par Victor Hugo, livre les croque-morts au croque-notes, déguise Baudelaire en Arlequin; et voilà le comble de l'étrangeté réalisé dans un art qui semblait avoir dit son dernier mot!

Ah! la chanson d'aujourd'hui, quelle gaillarde! Au temps de Béranger, elle s'attaquait au roi et aux ministres. Elle va bien plus loin à cette heure : elle persifle le Conseil municipal de Paris!

Mais si la Chanson est curieuse, les Chansonniers ne le sont pas moins. Vous le constaterez le plus gaiement du monde, en lisant ce livre où les joyeux bardes du couplet sont si gentiment évoqués.

Dans cette courte Préface, je ne vous parlerai, si vous voulez bien, que de ce pauvre Mac-Nab. Ce me sera une occasion nouvelle de dire combien nous aimions ce jeune ancêtre de la Chanson présente. Ces quelques lignes seront comme un petit bouquet de laurier sur le coin de terre où il s'est si hâtivement endormi. Tous ceux qui sont venus après lui, dans le sentier où les couplets voltigent comme des papillons de soleil, le salueront d'un regard ou d'un souvenir, avant de lire ce que leur œuvre personnelle a inspiré à ce charmant écrivain.

Il est fort ennuyeux que les poètes ne puissent pas lire les choses charmantes qu'on publie sur eux au lendemain de leur mort. Par ci par là, au cours de leur existence tourmentée, plus hérissée de ronces que semée de roses, ils ont eu dans l'oreille, en feuilletant les journaux, le doux bruit passager de la louange. On leur a dit, en passant, qu'on avait été bien heureux de les entendre, qu'ils vous avaient doucement bercé l'âme, dans l'évocation exquise des jours qui ne reviendront plus; puis, bonsoir! la banalité de la vie a repris ses droits, la chronique est retombée dans la prose, la critique a oublié les strophes qui l'avaient un instant

désarmée, et le poëte s'est retrouvé tout seul, un peu
plus seul qu'avant l'ébauche de sa gloire. Trois fois
heureux encore, quand il ne s'est pas heurté à quelque
imbécile bardé de pédantisme, qui lui a fait expier
son talent par quelque grossièreté à tant la ligne.
L'espèce existe. Elle n'a jamais rien créé, ni produit;
mais elle juge de haut, parce qu'elle érige volontiers
son impuissance en piédestal.

Je ne sais si Mac-Nab a connu ce supplice particulier qui consiste à se sentir égratigné, voire même
un peu mordu par ces ratés de lettres auxquels un véritable écrivain pourrait faire une célébrité en leur cédant
la partie de son œuvre qu'il a dédaigné de publier.
L'attaque ne l'aurait pas fort ému, j'en ai la conviction. Il était de ceux-là qui ne recherchent point la
grande émotion de la renommée conquise à coup
d'audace et de fière volonté. Un coin de table, quelques amis autour, et voilà un public.

Tout bonheur que la main n'atteint pas n'est qu'un rêve,

a dit Joséphin Soulary, le délicat sonnettiste lyonnais.

Mais, qu'il le voulût ou non, Mac-Nab avait eu son
groupe d'admirateurs vaillants et fidèles. On l'aimait
et on l'estimait beaucoup cet artiste sans prétention
qui avait su rester un grand enfant.

*

Je me rappellerai toute ma vie l'étrange impression qu'il fit sur moi, quand je l'entendis pour la première fois. C'était dans un milieu de poètes, naturellement. Il y avait là des jeunes gens pâles, avec des cheveux en coup de vent, — de quoi décourager Dalila. Chacun y était allé, comme on dit, de sa petite pièce ou de son gros poème. Celui-ci avait comparé son cœur à une harpe éolienne éternellement vibrante et non moins éternellement envolée dans l'implacable azur : celui-là s'était payé le luxe d'une tirade contre les impassibles dieux, lesquels ne répondaient pas même par un froncement de sourcils ; un autre avait médit en rimes sauvages du sexe qui a fait sourire Hugo et sangloter Musset. Bref, nous étions déchaînés, ce qui est toujours un événement considérable.

On demanda quelque chose à Mac-Nab. Il se leva, très grave, un peu en bois, du bois dont on fait les poètes élégiaques.

— Bon ! voilà qu'il va falloir encore pleurer !

Et je sortis mon mouchoir afin de me préparer à toutes les éventualités.

Mac-Nab annonça son poème :

— *Les Fœtus*.

J'étais consterné. J'allais évidemment entendre une élégie macabre, avec des accompagnements de tibias entrechoqués. Ce genre était alors à la mode ; mais Rollinat m'avait effrayé plus d'une fois aux clartés

sépulcrales de la lune, à des heures indues, et j'avais
toujours peur de recommencer l'expérience. Il est
vrai que, cette fois, on était en nombre et dans un
endroit où les spectres n'ont pas l'habitude d'errer,
même quand minuit a sonné au beffroi de la tour.
De là une atténuation à ma frayeur légitime.

Mac-Nab commença :

> On en voit de petits, de grands,
> De semblables, de différents,
> Au fond des bocaux transparents.
>
> Les uns ont des figures douces ;
> Venus au monde sans secousses,
> Sur leur ventre ils joignent leurs pouces.
> . . . .
> Mais, que leur bouche ait un rictus,
> Que leurs bras soient droits ou tordus,
> Comme ils sont mignons, ces fœtus,
> Quand leur frêle corps se balance
> Dans une douce somnolence
> Avec un petit air régence !

Oh ! j'avais rembarré mon mouchoir. Le « petit air
régence » dans un bocal me désorientait absolument.
Et Mac-Nab continuait, toujours grave, toujours en

bois, comme s'il nous eût dit une page de l'Office des Morts.

> Quand on porte un toast amical,
> Chacun frappe sur son bocal;
> Et ça fait un bruit musical.

Mais, je vous le répète, il fallait entendre cela, déclamé par l'auteur !

Un petit bijou de pièce, du reste, et quelle originalité! Il y a dans chaque vers une larme et un éclat de rire. On ne sait jamais au juste si le poète s'attendrit ou s'il blague. Je me trompe, on sent qu'il blague; mais que de philosophie derrière cette plaisanterie funèbre!

> Gentils fœtus, ah! que vous êtes
> Heureux d'avoir rangé vos têtes
> Loin de nos humaines tempêtes!

Hugo disait de Baudelaire qu'il avait créé un frisson nouveau. On pourrait le dire aussi de Mac-Nab, avec cette différence que la sensation est à la fois douloureuse et gaie.

Je revis souvent Mac-Nab après avoir entendu ses inoubliables vers. Il m'avait envoyé son livre, les *Poèmes mobiles*, édité chez Léon Vanier. Le livre avait achevé ce qu'une soirée avait si bien commencé : j'étais devenu un bon ami du poète.

Pauvre Mac-Nab! Il ne reviendra plus causer avec nous à notre table de camarades, en cet artistique et charmant Montmartre qui devient si vite le véritable pays des rêveurs de tous les pays. Non pas que nous le regrettions pour sa gaieté bruyante; car il faisait peu de bruit, ne riait presque jamais, souriait à peine quelquefois, et de quel sourire! Mais il était jeune, il avait une œuvre sur le chantier. Nous avions souvent échangé nos rêves, nos impressions fugitives, nos espérances d'un moment, et c'est bien triste de se dire comme cela tout à coup, qu'il est parti et qu'on ne le reverra plus.

Dans les derniers jours de sa vie, une grande mélancolie s'était emparée de lui. La banalité du monde le désolait. Il avait l'esprit et les yeux tournés ailleurs, vers l'inconnu qui est là-haut.

Cet artiste de l'ironie à froid s'occupait des problèmes de l'au-delà. Tout ce qui lui paraissait être une révélation de la vie future le passionnait, l'enthousiasmait, l'accaparait au détriment de son œuvre elle-même. Il était à la piste des phénomènes qui troublent et déconcertent.

Était-ce un pressentiment de sa fin prochaine? Éprouvait-il le besoin de s'approvisionner de foi pour le grand voyage? Obéissait-il simplement à la récente

mélancolie de son tempérament? Je l'ignore. Mais
quelle chance s'il ne s'était pas trompé dans ses espérances et si quelque journal de là-haut, rédigé dans
une étoile, imprimé sur du bleu de ciel avec des
rayons de soleil, reproduisait les éloges que font
encore de lui les écrivains de notre misérable pla-
nète.

CLOVIS HUGUES.

AVANT-PROPOS

Les derniers jours de l'année s'écoulaient tristes et monotones, comme tous les derniers jours, — et même comme les premiers, contrairement au proverbe — de chaque fin d'année ; j'étais en train de procéder à mes ablutions matinales, vieilles habitudes d'enfance, très saines d'ailleurs, très réconfortantes, très reposantes et que je recommande à tous mes contemporains sans aucune prétention d'avoir rien inventé, lorsque le timbre de ma porte d'entrée retentit par deux fois, déchirant l'air de son pur métal heurté d'une main sûre.

Saperlotte, m'écriai-je, je n'y suis pour personne. Il faut être prudent à certaines époques et savoir poliment éconduire les créanciers que l'éloignement de votre demeure et la hauteur de vos étages n'épouvantent guère, malheureusement.

Toutefois, ayant prêté l'oreille, je reconnus la
voix sympathique, haute et claire, de ces voix qui,
n'ayant rien à craindre, ignorent les sourdines, je
reconnus, dis-je, la voix de mon ami Alfred Le
Petit que je n'avais point vu depuis déjà quelques
siècles !

Si, si, clamai-je énergiquement, si, j'y suis pour
lui, qu'il entre et soit le bienvenu. Et tout heureux
de serrer la main d'un ami, j'accourus tout en
m'épongeant, nu jusqu'à la ceinture, et je vous
assure... enfin passons.

— Quel bon vent vous amène ?

— Voilà, mon cher Valbel, une idée, une bonne
idée et le désir de vous la faire partager, de faire
de vous mon complice, pour mieux dire, mon collaborateur.

Le Petit s'était assis entre temps et, jugez de
ma stupéfaction lorsque je m'aperçus que déjà,
le crayon en main, il me croquait dans le... presque
simple appareil d'une vertu... hum... hum, la suite
au prochain numéro.

Je sentis l'incarnat colorer mon visage, un frisson me courut l'épiderme. Si Le Petit, pensai-je,
était arrivé cinq secondes plus tôt, il me trouvait
dans mon *tub*, je le connais, il m'aurait croqué
tout de même, et qui sait si le Dieu malin, celui
des hasards singuliers aidant, mon image, en ce

manque absolu de costume, ne m'aurait pas attiré les foudres vengeresses de cet homme illustre, qui n'a rien de rien du chansonnier de judis, si ce n'est quelque chose de commun, « le nom. » Oh Béranger ! O Loi !

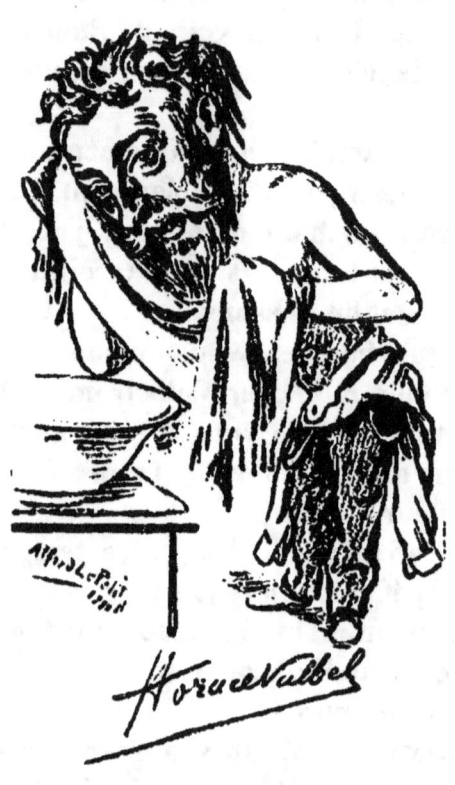

— Que diable faites-vous là, mon cher Le Petit, et quelle idée bizarre de me portraicturer ainsi ?

— C'est, répondit le célèbre caricaturiste en souriant finement, le commencement et comme qui dirait le premier chapitre de l'œuvre que nous allons entreprendre ensemble, si vous le voulez bien, et que je vous demande la permission de vous expliquer.

O gens d'esprit qui nous feuilletez, c'est-à-dire : O légion, o majorité !

O Paris, o la France et la banlieue, sans compter l'étranger.

Mille excuses pour ceux que j'oublie, je réparerai l'omission à la dix millième édition, le reste étant déjà sous presse !

L'œuvre entreprise par Le Petit et par votre serviteur ? Elle est bien simple. Pas la moindre prétention, d'ailleurs, vous en jugerez.

Le Petit a beaucoup de talent, moi beaucoup d'esprit, naturellement. Du choc de ces deux si rares qualités devait jaillir l'œuvre forte et saine. C'est ce qu'avait pensé Le Petit, c'est ce qui fut mon avis absolu dès qu'il eut parlé.

Hein ! Quoi ! vous doutez ?

Gens de peu de foi, — la seule chose qui sauve, pourtant, — soyez donc attentifs et pour justifier la très haute opinion que nous avons de vous, soyez donc simplement, loyalement, spirituellement de notre avis. Et si, comme nous n'en doutons pas, vous êtes contents et satisfaits, faites-en part à vos nombreuses connaissances qui chanteront nos louanges, renforcées par les voix bien connues de la Renommée, cette souvent exquise blagueuse qui fait ou défait avec tant de justice les réputations les plus ou les moins établies, pour

la plus grande gloire des siècles passés, présents
et futurs... Oh combien !

Mais au fait, je m'aperçois que notre modestie
bien connue de tous m'oblige à beaucoup parler
des auteurs et m'a, jusqu'à présent, empêché de
vous expliquer le but qu'ils poursuivent. C'est
pourtant bien simple, et l'idée est nouvelle.

Le Petit, absolument approuvé par moi, s'est
dit que si le public s'arrachait les volumes et les
gazettes relatant, chaque jour, la vie, les coutumes
et les mœurs des politiciens, des historiens, des
inventeurs, des mathématiciens, des chimistes,
des artistes et même des fumistes, il prendrait
plaisir à connaître un peu par le détail ceux qui
le reposent des choses graves de la vie, qui le font
rire et qui souvent le vengent en leurs satires,
j'ai dit : « Nos chansonniers ».

Publier leur portrait, voire leur charge : voilà
une idée que, seul, pouvait avoir, et mener à bien,
Alfred Le Petit, le maître en l'art de la caricature.

Et voilà pourquoi un des derniers jours de l'année... voir plus haut... il venait me prier de me
joindre à lui et d'expliquer avec tout mon cœur,
très simplement, ce qu'étaient nos amis, quels
avaient été leurs débuts, quels étaient leurs succès.
Voilà ! C'est bien simple, n'est-ce pas ? J'ai accepté, je n'ai plus le droit de reculer, de me déro-

ber, je vais donc de l'avant. Je dirai d'eux ce que je pense, rien autre, et me considérerai comme parfaitement heureux si mon audace a pu vous plaire et ne point leur déplaire.

Et maintenant, à la besogne, douce, certainement, mais plus difficile, je m'en aperçois en commençant, que je ne l'avais tout d'abord imaginé.

Baste !

Une, deusse, troisse... Au rideau !!!

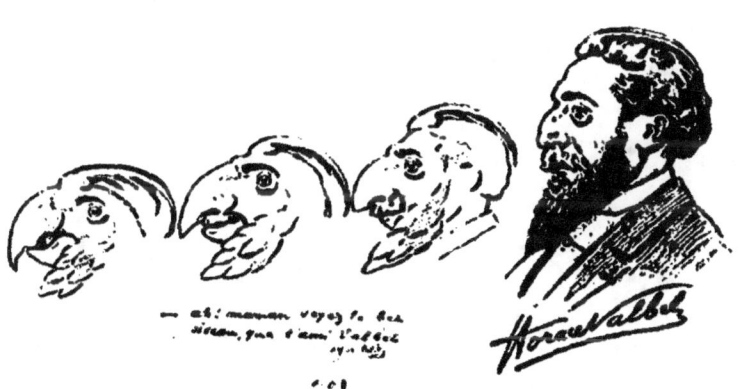

LES INDÉPENDANTS

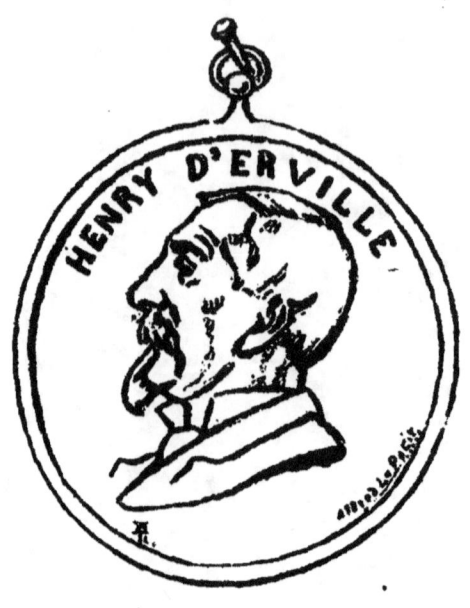

Henry d'Erville, « le Colonel » ainsi qu'on le nomme au *Chat Noir*, est un de nos doyens. Grand, d'allure distinguée, tête expressive, profil de médaille, ressemble beaucoup à Napoléon III ; le chapeau légèrement incliné sur l'oreille, la démarche vive, alerte, fait songer à un officier supérieur. Voilà pour le physique. Très accueillant, d'humeur toujours égale, d'une gaîté saine, de bon aloi, d'une exquise urbanité, d'une grande fraîcheur d'idées, avec cela très tolérant, par conséquent plein d'indulgence, voilà pour le moral.

J'ajouterai, d'une modestie exagérée, et j'aurai peint d'Erville quand j'aurai dit qu'il prend autant de peine à éviter la réclame et à faire qu'on ne parle pas de lui, que d'autres s'en donnent à faire clamer leur nom à tous propos.

Henry d'Erville est issu d'une vieille famille parlementaire. Fils d'un conseiller à la Cour de Cassation du second empire, il a été élevé durement.

A l'âge de sept ans, il s'était échappé du collège pour assister à une exécution capitale. Reconnu dans la foule, il réintégra la pension escorté par deux gendarmes, et se prétend à ce titre « le doyen des repris de Justice ». Il se souvient avec plaisir de cette anecdote et, pour cela, peut-être aussi pour d'autres causes, a commis cette chanson que je ne puis résister au désir de citer, et qui résume tout ce qu'il y a de fine satire et de joyeuse philosophie dans ce caractère exceptionnel : *Les Repris de Justice.*

LES REPRIS DE JUSTICE

(*Air* : MON PÈRE ÉTAIT POT).

I

C'est p't'êt ben la faute à Thémis
 Qui, tous les jours plus myope,
Fourr' les ennemis et les amis
 Dans sa geôle interlope —
 Mais de toutes parts,
 Dans le Mond' des Arts,
 Et même à la... Police...
 Dans le Monde... hurf!!!
 On n' voit sur le Turf...
 Que... Repris de... Justice!!

II

C'est bien porté dans un salon
 Quand un valet vous nomme
Presqu'aussi bien que l'cotillon
 Cela vous pose un homme.
 La Dam' du logis
 Minaudant — vous dit :
 « Vous faites mon caprice!
 « Vous êt' si charmant
 « Vous d'vez êt' vraiment...
 « Un peu... Repris d' Justice. »

III

Jadis, on était Bachelier
   Avocat... ou Dentiste;
Et parfois même — chevalier
   De quéqu' chos' quoi qu'artiste.
   Maint'nant en prison,
   Faut qu'en tout' saison,
   Chacun fass' son service!
   Et trois ou cinq ans,
   Prenn' ses galons dans...
   Les Repris de... Justice!

IV

Qu'est-c' qui par nos temps de progrès,
   Tient la caisse, administre?
Devient Edile — et puis après,
   Sénateur et Ministre?
   Qu'est-c' qui le long d' l'eau,
   Au bon... Populo
   Pay' des feux d'artifice
   Et cogn' sur lui, quand
   Y fait du boucan?
   Les Repris de Justice!

V

Comm' les Grognards — ces rud's Lapins
   Racontaient leurs campagnes.
Combien d' Nouvelle ou d'il' des Pins?
   Font les blondes compagnes.
      Tout homme public
      Doit — pour être chic —
Mettr' sur sa carte : Ulysse
      « Retour Nouméa
      « Ancien Magistrat :
« Trois fois Repris d' Justice! »

HENRY D'ERVILLE.

Henry d'Erville a eu son heure de célébrité et s'il s'est aujourd'hui retiré dans la Chanson, ce qu'il appelle gaîment « couronner sa vieillesse des roses d'Anacréon » il a, selon l'expression de Banville, son *copain* et un peu son maître « mangé du sucre candi dans les feuilletons du lundi ».

D'Erville a collaboré à nombre de journaux, il a semé un peu au hasard, dans les Revues, dans les Illustrés, des chroniques, des nouvelles, des madrigaux et surtout des fantaisies poétiques où il excelle.

Il a fait soit en collaboration, soit seul, du théâtre et du roman; a remporté des prix à la Société des Gens de Lettres, et des mentions à l'Académie, a fait applaudir des à-propos au Théâtre-Français, au Vaudeville, en un mot a tout fait, sauf de la réclame, et possède un bagage littéraire que beaucoup, dont on parle souvent, lui envieraient.

Henry d'Erville fait partie de la Société des Gens de Lettres, de celle des Auteurs et Compositeurs. Il est félibre, lauréat des Jeux Floraux, l'un des fondateurs de *La Cigale*, du *Bon Bock*, de *La Marmite*, etc., etc., et se déclare « sous-officier d'Académie » distinction inventée pour lui, la seule d'ailleurs qu'il ait jamais voulu accepter, les insignes en étant encore à trouver. Ajouterai-je que d'Erville a vécu dix ans en Italie, qu'il a fait de la vraie, de la saine et forte littérature?

Aujourd'hui il triomphe dans la Chanson, et chaque soir son œuvre est interprétée par Yvette Guilbert, par Kam-Hill, par le compositeur G. Charton, etc.

Nous n'avions donc pas le droit de l'oublier dans notre album et nous lui devions bien une des premières places, au risque de blesser sa modestie et de contrarier un peu son goût très prononcé pour le silence et l'ombre.

Je suis certain qu'il ne saurait nous en vouloir et nous sollicitons d'avance toute son indulgence et pour notre audace et pour l'œuvre, hélas! bien incomplète, entreprise par nous.

D'Erville me saura gré de n'avoir point dit les délicieuses soirées que l'on passe chez lui, de n'avoir pas cité les gens d'esprit, les artistes délicats et charmants qui sont si souvent ses hôtes le dimanche, et de n'avoir pas vanté, malgré la forte envie que j'en avais, la toute charmante hospitalité que les siens et lui savent accorder à ceux qui ont le plaisir d'être reçus dans le charmant petit hôtel du boulevard Berthier. Avouez, mon Colonel, que je suis discret et que vous êtes content, puisque j'ai omis de signaler même vos superbes chats, dons du maître-peintre Lambert, et vos oiseaux savants et bavards, et vos pigeons indiens, ces infatigables valseurs, et maître *Guillou*, le majestueux pingouin, etc., etc., et en faveur de tant de discrétion, souffrez cette courte biographie, modeste témoignage d'une bien réelle et bien respectueuse affection.

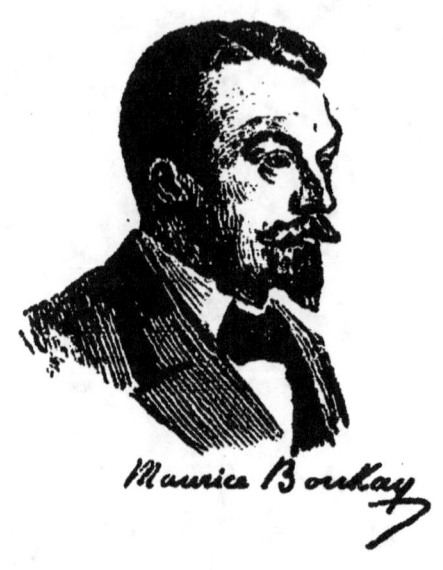

Maurice Boukay

Maurice Boukay, très réfractaire à toute biographie, m'a mis dans l'obligation d'insister à
plusieurs reprises, et je ne m'en plains pas, pour
obtenir de lui quelques renseignements, quelques
détails que, malgré la vive amitié que je lui porte,
je n'aurais certes pu inventer, désirant surtout
être exact et ne pas faire, en ce volume, œuvre
fantaisiste. Secouant donc l'invincible apathie qui
lui fait redouter l'interview, peut-être aussi touché
par ma patience, mon opiniâtreté, voici, et tout
au long, la délicieuse épître qu'il m'adresse :

« Mon Cher Valbel,

« Vous me faites l'honneur de me demander ma
« biographie, pour votre album des chansonniers
« modernes. Je crois que le public qui veut bien
« s'intéresser au renouveau de la Chanson fran-
« çaise n'a aucun intérêt à connaître les menus
« détails de notre vie. Pour juger un chansonnier,
« — j'entends un chansonnier sincère, et qui met
« un peu de lui-même dans ses humbles couplets,
« — une chan·on vaudra toujours mieux qu'une
« page de Vapereau... Vous insistez. Dans ce cas,
« laissez-moi vous dire, pour vous distraire, un
« conte tout simple et tout ingénu :

« Il était une fois dans un petit village de La-
« Bas, — vous savez que La-Bas est le pays des
« Rêves, — un pastourel de moutons blancs
« comme lys à l'aube. Il écoutait tout le jour, aux
« talus fleuris de violettes, le long des bois, chan-
« ter les Petits Fis, qui sont les oiseaux d'or pré-
« férés du bon Dieu, et il recueillait silencieuse-
« ment en son cœur l'âme de leurs douces chan-
« sons.

« Or, un jour, — c'était le lendemain de la pre-
« mière communion qui fait les bergers frères de
« saint Jean-Baptiste, — le pastourel entendit un
« Petit Fi, plus aimé et plus beau que tous les
« autres, qui lui disait : « Il faut que tu apprennes
« à lire, petit berger, et que tu t'en ailles vers la
« la grand'ville des Livres, pour être poète! »

« Le pastourel obéit la mort dans l'âme à l'oi-
« seau d'or, lui mit un dernier long baiser bien

« chaud sous les ailes, et s'en alla très loin vers
« la grand'ville des Livres, le cœur glacé par le
« regret de la terre brune, des bois fleuris, des
« moutons blancs comme lys à l'aube, et du cher
« Porte-Bonheur, pauvre oiseau d'or qui chante
« et pleure.

« Il étudia longtemps, le pastourel, si long-
« temps que ses cheveux blanchirent comme laine,
« et qu'il perdit aux études vaines les sept plus
« belles années de sa vie et de son cœur.

« A la fin, quand il eut tous ses grades de sa-
« vant, il voulut prendre sa revanche des prin-
« temps perdus. Il brûla ses livres, oublia la
« science et fit, en souvenir des talus de violettes,
« humbles comme des violettes, des chansons que
« les belles dames de la ville récitaient, parfois
« sans les comprendre. De quoi le pauvre savant
« ignorant était plus triste et plus marri qu'aupa-
« ravant.

« Or, un soir qu'il était allé voir coucher le so-
« leil, comme il passait le long des grilles d'un
« château, près de la volière aux serrures d'or, il
« entendit une voix déjà connue qui le troubla
« jusqu'au fond de l'âme. C'était le Petit Fi.

« Le Petit Fi disait : « Mon bien-aimé, tu me
« vois prisonnier, mais le Destin n'a pas voulu
« que ma prison fût éternelle. Voici le sort qu'il
« m'a fixé, tant que je serai simple de cœur. Sitôt
« que le soleil se couche, je rentre en cage. Mais
« sitôt que le soleil se lève, je deviens une belle
« fille aux cheveux d'or, et l'on m'appelle la
« Poésie.

« Ne pleure plus, mon bien-aimé. J'irai te con-
« soler quelquefois et je t'inspirerai de belles
« chansons. »

« Et le Petit Fi devint, à l'aube neuve, une de-
« moiselle aux cheveux d'or si longs, si longs
« qu'ils lui couvraient les ailes, et si jolie que
« tous les grands seigneurs, au premier regard,
« la désiraient pour femme. Mais la belle Poésie
« les méprisait parce qu'ils n'avaient pas de cœur,
« et elle préférait son pauvre poète, pauvre d'ar-
« gent, mais riche de rêves, de tous les rêves bleus
« qu'il chantait à son amoureuse, chaque fois qu'il
« parvenait à la voir et à la couvrir de ses longs
« baisers, sous les cheveux d'or, à la place des
« ailes... »

« Arrêtons ici notre conte, mon cher Valbel.
« Vous allez me dire qu'il n'est pas fini. Tant
« mieux! Chacun pourra l'achever à sa guise.
« Une version rapporte que la Belle aux Cheveux
« d'or épousa le fils du Prince et que le pauvre
« poète ne put jamais s'en consoler. Mais je ne
« crois pas cette fin absolument véridique, et je
« suis bien sûr que vous serez de mon avis, car
« un conte qui finit par des larmes n'est plus un
« conte.

« A la prochaine occasion, je vous dirai la ver-
« sion que je préfère.

« En attendant, croyez-moi, mon cher camarade,

« Votre bien dévoué,

« MAURICE BOUKAY. »

Maurice Boukay ne m'en voudra pas d'ajouter quelques lignes à ce conte véritablement exquis, et d'affirmer que j'eusse été bien marri de ne pouvoir le présenter au lecteur en ce volume où sa place était marquée parmi les premiers.

Boukay est un chansonnier, un vrai. Il a voué sa jeunesse (il a, je crois, vingt-huit ans) à la cause de la « bonne Chanson » à la lutte contre les inepties et les grossièretés du café-concert, et il a vaillamment soutenu ses idées dans les revues, les journaux et dans les conférences qu'il a faites au Théâtre d'Application *Chansons d'Amour*, puis aux 4 z'Arts *Les Noëls et les Vieilles Chansons de Franche-Comté*, son pays au surplus.

J'ajouterai que Maurice Boukay a fait paraître chez Dentu un premier volume de *Chansons d'Amour*, qu'il en publie actuellement un second et qu'il en prépare un troisième dans une note différente : les *Chansons Sociales*, que, selon lui, et j'avoue que je partage absolument son avis, la Chanson est un genre littéraire, au même titre et aussi perfectible que le drame.

Je crois, en outre, pouvoir affirmer que Maurice Boukay a eu, en un an, trois grandes joies : 1° celle de contribuer à la résurrection des Chansons d'amour et du clavecin; 2° celle de rencontrer, dans l'atelier de Steinlein, un jeune poète affirmant qu'il avait pris le goût de faire des chansons en lisant les siennes, au *Gil-Blas illustré*, et enfin, celle non moins grande, d'être interprété par Mlle Suzanne Reichemberg, l'exquise ingénue de la Comédie-Française, Mme Judic, Mme Dariel, MM. Maurel, le célèbre baryton, et Paul Delmet, son collaborateur habituel pour la musique.

Ceci dit, je crois bien avoir biographié aussi complètement que possible Maurice Boukay, malgré son très ardent désir de se soustraire à toutes mes demandes. Et, pour me venger de sa résistance, j'insisterai, je dirai qu'il a la crainte, le cauchemar, que la masse des pseudo-poètes n'arrive à nous inonder de romances geignardes à banalité continue, et je terminerai par la reproduction intégrale de la préface, signée Paul Verlaine, inscrite en tête de son premier volume de *Chansons d'Amour*.

« Voici donc enfin retrouvée la « bonne Chanson »,
« si j'ose m'exprimer ainsi, non plus celle si pi-
« quante de Désaugiers, si correcte de Béranger,
« si bourgeoise, dans le bon sens, de Nadaud,
« mais plutôt, à mon avis, la Chanson simple et
« vivante, dans le goût de Pierre Dupont, avec je
« ne sais quoi de la grâce du xviiie siècle et la
« poésie vraie.

« Oh! la simplicité! l'amour sincère et sans
« nulle crainte d'être ingénu, l'expression de cet
« amour franc, net, chaste, — parce qu'il est sin-
« cère et pur, puisqu'il est ingénu ; l'accent juste
« sans plus ; le cri, en quelque sorte, de la pas-
« sion, le cri non pas tout à fait, le chant vibrant,
« la note vraie du cœur, — et des sens aussi.

« Dans le recueil que nous donne aujourd'hui le
« nouveau poète que j'ai le plaisir de vous pré-
« senter, vous trouverez l'émotion, la belle can-
« deur, tour à tour forte et charmante de la jeu-
« nesse — la jeunesse! cette fête grandiose et si
« courte, mais immense.

« Immense, mais si courte! Et quelque mélan-
« colie ne peut que se mêler à ce jeu. Et vous
« serez, je ne dis pas frappés, ni surpris, ni éton-
« nés, — mais charmés du ton du livre.

« En effet, en ces temps de faciles, de fades, d'in-
« sipides, de banales et d'au fond odieusement et
« abusivement bourgeoises macabreries, il est di-
« gne et sain d'enfin entendre une voix qui chante
« bien, un cœur qui souffre bien, et de se com-
« plaire à voir parfois un sourire qui sied bien. »

« Et maintenant, poète, chante nous les *Stances*
« *à Manon*, les *Regrets à Manon* et tous les
« *Soirs d'Amour!*

• PAUL VERLAINE. »

Voilà, mon cher Boukay, comment on fait, malgré tout, une bonne et presque complète biographie, et comment, bien que vous en pensiez, on intéresse le public; et quand j'aurai reproduit vos *Regrets à Ninon*, l'une de vos chansons préférées, je le sais, j'attendrai, et je prie nòs lecteurs de vouloir bien également attendre, avec moi, la version que vous préférez comme final à votre si joli conte et que vous m'avez promis de me dire à la prochaine occasion.

REGRETS A NINON

CRÉÉ PAR Mlle REICHEMBERG, DE LA COMÉDIE-FRANÇAISE

A Jules Claretie.

I

Tu les regretteras, Ninon,
Les jours fleuris des rêves roses
Sous la neige des ans moroses,
Tu voudras revivre. A quoi bon?
Les regrets d'amour, ô Ninon,
Ne font pas renaître les roses.

II

Tu vas te marier, Ninon,
Tu préfères l'or au poète :
Pardieu! c'est une belle fête
Qu'un baiser subi par raison !
Les baisers d'amour, ô Ninon,
Sont baisers de folle conquête.

III

Tu ne chanteras plus, Ninon,
Et nous n'irons plus, à la brune,
Éveiller le doux clair de lune
Sur les mousses de Trianon...
Les sentiers d'amour, ô Ninon,
Sont trop étroits pour la Fortune.

IV

N'ayant plus mes baisers, Ninon,
Ton front se creusera de fièvres,
A la coupe d'or des orfèvres
Tu voudras te griser... Mais non!
Ce ne sera plus, ô Ninon,
La sainte ivresse de nos lèvres.

G. ONDET, Éditeur.

EUGÈNE HÉROS

Eugène Héros est né à Paris en 1860, ou mieux, pour être tout à fait exact, à Pantin où tous les siens sont nés également. Il n'aime que Paris, n'a jamais — sauf les cures ordonnées aux eaux — voyagé plus loin qu'Asnières, et se déclare très fier de sa fidélité au pays natal.

Héros a fait de très bonnes études au Lycée Henri IV, il est licencié en droit et s'est occupé, s'occupe encore très spécialement de philosophie et d'économie politique. En terminant son droit, il a fait paraître une brochure : *Suppression de l'Assistance publique.* Il a publié bon nombre de Nouvelles, et a collaboré à *La France*, au *Figaro* et à beaucoup de revues littéraires.

Le Palais-Royal, la Renaissance ont joué des petits actes de lui et enfin il s'est donné à la Chanson.

Comme chansonnier, il convient de le diviser, il
y a en effet deux hommes en lui : 1° le chansonnier genre café-concert; 2° le chansonnier des enfants, *des gosses*, qu'il adore, qui l'émeuvent sans
cesse et pour lesquels il professe un culte véritable.

Le nombre de ses chansons n'est peut-être pas
considérable, mais toutes sont très soignées et
c'est ce qui explique le succès qu'elles obtiennent.

Il a commis : *Si les Femmes savaient*, chanson
qu'il déclare être la scie de sa vie; et il est de fait
que Héros ne pouvait entrer ni au Chat-Noir, ni
chez Pousset, sans que ses vieux camarades Alphonse Allais et George Auriol en tête, le saluas-
sent de ce refrain « orgue-barbaresque ».

Fragson s'est fait connaître en créant les chansons d'Héros, et notamment : *Sa Famille; Pudique;
Libre-Échange.* Yvette Guilbert obtint l'un de ses
plus gros succès avec *Le Petit Cochon.*

Voilà pour le concert!

Dans sa seconde manière nous abordons un
genre plus relevé, et dans lequel sa grande passion pour les enfants se manifeste avec une émotion considérable, une sincérité véritable. Je citerai : *Mon p'tit Salé; Les pauv' p'tits fieux; Les
Bibis; Petites mains, petits petons! Leurs cheveux*, etc. Héros a trouvé en Steinlein le complé-

ment de son cœur, et tous se rappellent certainement les délicieux dessins, véritables chefs-
d'œuvre que le dessinateur fit pour la couverture
des *Pauv' p'tits fieux* et de *Mon p'tit Salé*.

Ils préparent ensemble, en ce moment, un album,
Chanson des Gosses, qui donnera, selon l'expression de Héros, l'impression très exacte de « cette
portion de l'humanité qui est tout ».

Bien qu'il n'ait fait qu'un petit nombre de chansons, Eugène Héros a été, à la presque unanimité,
nommé syndic de la Société des Auteurs et Compositeurs de musique. Il y défend avec courage et
conviction les intérêts de ses confrères. Héros
aime les humbles, les petits, les faibles et, soyons
indiscret, il est très, oh! mais très socialiste, dans
le bon sens du mot.

Héros a fait jouer des revues : au Petit-Casino,
En plein Boulevard; puis au Concert-Parisien,
Il a des bottes; Aux urnes!

Eugène Héros est un modeste, sans aucune prétention. Il tourne fort joliment le couplet et fait
partie de cette race malheureusement disparue,
des Clairville, Cognard, Paul Flan, Ferrier, Raoul
Toché et Lambert-Thiboust.

Héros, qui a appris au concert à tourner le couplet, est un vaudevilliste dans toute l'acception du
mot, et nul doute qu'il ne nous apporte au théâtre

des couplets facturés ainsi que ceux qui firent la joie de nos pères et qui feront encore la nôtre.

Héros, qui est très paresseux, s'en défend énergiquement, mais il le prouve. Il ne sait pas cacher ce qu'il pense, mais s'il est mauvaise tête, il a un cœur excellent et ne compte que des amis. C'est un noctambule convaincu. Il s'en voudrait de ne pas voir se lever l'aurore aux doigts de roses ou même au manteau gris, selon les saisons. Il est un des plus anciens membres de *La Croûte*, où il a quelquefois interprété ses chansons, ainsi qu'aux soirées de *La Plume*, aux soirées du Lyon-d'Or et au théâtre du Chat-Noir.

Il s'affirme « un républicain irréductible » et déclare qu'il n'y a dans l'humanité que deux bonnes choses, les petits enfants et les chiens; deux mauvaises : les femmes et l'alcool. Il va sans dire que je lui laisse l'entière responsabilité de cette appréciation, qu'il faut peut-être mettre sur le compte de l'hypocondrie dont il est légèrement atteint. D'ailleurs, voici qui rachète et largement sa pseudo-horreur de la femme, qui somme toute est la maman de ces mignons bébés qu'il adore, et qui possèdent :

PETITES MAINS, PETITS PETONS

Oh! mignonnes petites mains
Aux chairs si blanches et si douces
Aussi soyeuses que des mousses,
Aussi fraîches que des jasmins.

Vous fleurez bon comme des roses
Comme des roses en boutons,
Oh! petits pieds, petits petons
Avec de petits ongles roses.

Petit amas de blonde chair
Où rient de vivantes fossettes,
Où les mamans font des cueillettes
De bons baisers qui sonnent clair.

Le sang joli court dans les veines
Sous le tissu frêle et léger,
Blanc comme la fleur d'oranger
Et pourpre comme des verveines

Les ongles sont menus, menus
Et pareils à des coquillages
Que l'on rencontre sur les plages,
Petites mains, petits pieds nus.

Petits petons que la main touche,
Qu'elle croit être un bon gâteau
Et qu'elle désire au plus tôt
Faire aussi goûter à la bouche.

Oh! les petits doigts satinés!
Gros pouce dodu que l'on tette;
Index bien gentil qu'en cachette
On met tout entier dans le nez.

Vous jouez aux marionnettes,
Marionnettes qui font, font
Trois petits tours et puis s'en vont
Tout en esquissant des risettes.

Oh! petits petons trébuchants
Faisant des essais redoutables
Près des chaises et près des tables,
Grands essais pleins de heurts touchants.

Hélas! la vie a ses blessures
Petits petons, petites mains,
Le bonheur a ses lendemains
Notre chair aura ses gerçures.

Petites mains ou pieds mignons
Peut-être, outils de la machine
Ou du travail qui vous échine,
Serez-vous d'informes moignons.

                              E. Héros.

LÉON XANROF

Léon Xanrof, né à Montmartre, rue des Aca-
cias, rue aujourd'hui disparue, le 9 décembre 1867,
se nomme de son véritable nom Léon Fourneau.
Or, Fourneau se dit en latin *Fornax*, le jeune
chansonnier prit donc l'anagramme du mot latin,
c'est-à-dire Xanrof, et, dès lors, ne signa plus que
de ce pseudonyme, sous lequel tout le monde le
connaît aujourd'hui.

Contrairement à ce que quelques-uns ont pensé,
Xanrof n'a jamais pris un pseudonyme par honte
du nom qu'il portait, mais bien sur la demande de
ses parents qui craignaient de le voir compro-
mettre sa situation, en signant ses chansons de
son nom véritable.

Xanrof a fait de bonnes études au collège Rollin, puis au lycée Condorcet; une fois en posses-
sion de ses deux baccalauréats, il fit son Droit,

obtint sa licence et fit son stage comme avocat à
la Cour d'Appel. A la même époque, il appartint
pendant deux ans au Ministère de l'Agriculture,
en qualité d'attaché au cabinet du Ministre.

Léon Xanrof se sentait attiré vers la littérature.

Au Quartier Latin, dès sa première année de
Droit, il faisait des chansons, notamment l'*Hôtel
du n° 3*, et comme l'Association des Étudiants,
dont il est un des fondateurs, venait de se former,
il en fut le chansonnier officiel. A ce titre, il alla
interpréter ses œuvres dans toutes les grandes
fêtes des Étudiants, à Nancy, Bordeaux, Lyon et
Caen, recueillant force bravos et se créant de
nombreuses amitiés parmi la jeunesse des Écoles.

Pour l'Association des Étudiants, il a fait, en
collaboration avec Michel Carré, Georges Berr et
quelques camarades, chacun disant son mot, plusieurs revues qui s'élaboraient le plus souvent
dans les salons Foyot, face au Sénat, dont la gra-
vité, fort heureusement, n'influait en rien sur
l'œuvre de nos revuistes improvisés.

Pendant son stage, Xanrof entra dans le journalisme. Au *National*, il fit la chanson au jour le
jour : *A Trouville* et *Héloïse et Abeilard*, entre
autres ; puis il devint chroniqueur judiciaire à *La
Lanterne*, chroniqueur au *Gil-Blas* et courriériste

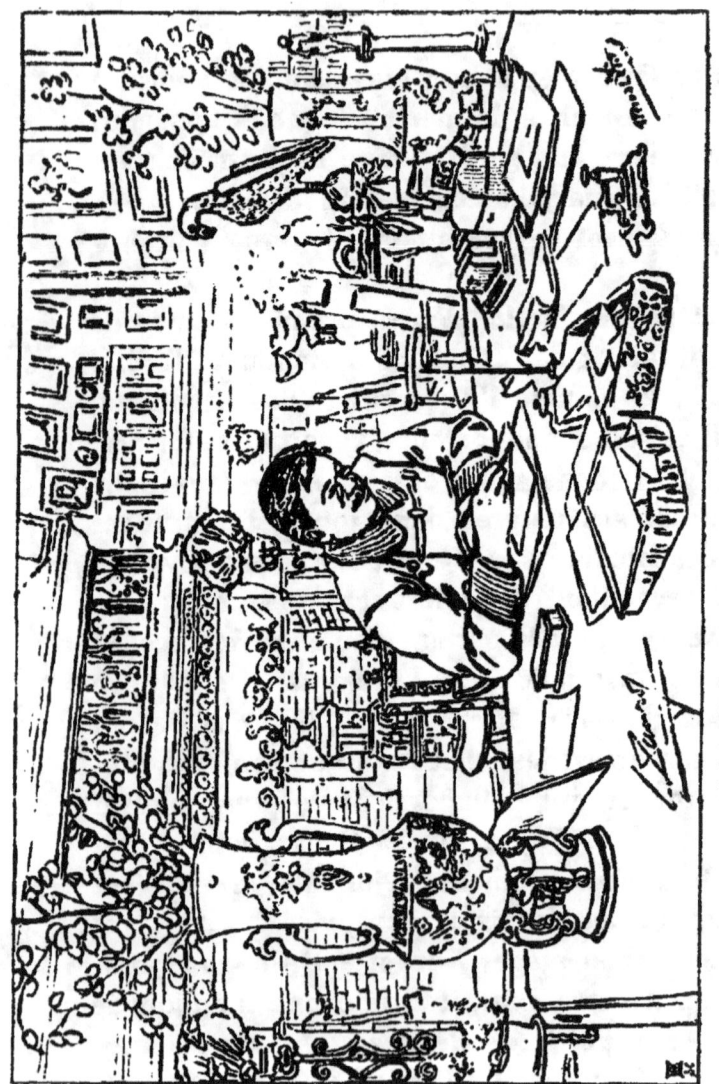

Léon Xanrof dans son cabinet de travail.

2.

théâtral à ce même journal, à la rédaction duquel il appartient encore aujourd'hui. Il est également chargé de la Soirée Parisienne au *Quotidien illustré*, et enfin il a collaboré ou collabore au *Figaro*, où M. Magnard l'avait appelé à la mort de Millaud, puis à la *Revue illustrée* et au *Figaro illustré*.

A son début comme chansonnier, en 1888, Léon Xanrof qui venait d'écrire *Le Fiacre*, qui fut un très gros succès, avait, avec l'ingénuité de ses dix-huit printemps, signé un traité qui l'obligeait à livrer à un éditeur toutes les chansons qu'il produirait, à raison de cinquante francs l'une, et cela sa vie durant. Or, à ce moment, Flammarion lui éditait une petite plaquette et désirait y voir figurer, précisément, *Le Fiacre*. Xanrof demanda l'autorisation nécessaire à l'éditeur envers lequel il était lié, et ce dernier, qui lui avait payé cinquante francs la chanson, paroles et musique, voulut bien consentir à l'insertion, dans la plaquette, des paroles seulement, mais moyennant le versement de cent francs sur trois cents que Xanrof devait toucher.

Cette petite anecdote, simplement pour l'édification des jeunes! et leur montrer combien ils ont tort de se presser de signer des traités avant de s'être rendu compte du succès que leurs œuvres sont susceptibles d'obtenir.

En effet, à la suite d'un procès que Xanrof dut soutenir contre son éditeur, il obtint de ce dernier la rupture de ce traité vraiment trop léonin et signé d'ailleurs par un mineur, mais ses chansons demeurèrent la propriété de l'éditeur, et bien qu'elles aient eu un très gros succès de vente, elles n'ont presque rien rapporté à leur auteur.

Mᵐᵉ Félicia Mallet, alors très peu connue, elle a fait du chemin depuis, créa *Le Fiacre* et obtint un gros succès.

Yvette Guilbert s'est fait connaître, et a fixé le succès, grâce aux chansons de Xanrof, qu'elle interprétait presque exclusivement, aussi avait-elle une très réelle amitié pour le chansonnier auquel elle adressait fréquemment des billets, dans le genre de celui-ci :

« Cher monsieur Xanrof,

« J'irai vous voir samedi, à deux heures et de-
« mie afin de *fouillasser* vos chansons et de pré-
« parer celles qui peuvent convenir à mon bout de
« talent. Toute la semaine passée, j'ai rechanté
« *Le Fiacre,* et quand je ne le chantais pas, on
« criait dans la salle, et il me fallait revenir; je
« vous suis bien reconnaissante de mon succès,
« car c'est la *chanson* seule qui fait plaisir à en-
« tendre, etc.
         « *Signé :* YVETTE GUILBERT. »

Citer tous les titres des chansons à succès de Xanrof, me serait difficile, en cette courte biographie. Au nombre de ses œuvres publiées, je citerai: 1° *Rive gauche*, plaquette éditée par lui; 2° *Chansons sans gêne*, volume édité par Ondet, ainsi qu'un fort beau volume : *Chansons à Madame*, d'un genre très sérieux, puis d'autres volumes : *Pochards et pochades, Chansons à rire*, illustrées par Grün. J.; *Paris qui m'amuse*, illustré par Lourdey; *L'Amour et la Vie*, illustré par Albert Guillaume; et *Lettres d'hommes*, études psychologiques et ironiques qui montrent très nettement l'évolution qui se produit alors dans son genre. Je citerai encore deux volumes : *Bébé qui chante*, chez Delagrave; et *Tout le Théâtre*, illustré par Bac.

Léon Xanrof a fait jouer pas mal de saynètes, un acte au Vaudeville, l'*Heureuse date*. Il a écrit des revues pour Ba-Ta-Clan, le Concert Européen et enfin *Paris Nouveautés*, pour le théâtre des Nouveautés, revue qui eut un gros succès et qui rapporta une jolie somme à son heureux auteur.

A cette époque, Léon Xanrof sentit qu'il allait s'adonner à la Revue et devenir *revuiste* par conséquent. Il s'arrêta net, malgré les succès obtenus, son intention bien arrêtée étant de faire du théâtre sérieux, et il se mit aussitôt au travail. A l'heure actuelle il a dans ses cartons une opérette et des vaudevilles qui verront prochainement le feu... de la rampe.

Léon Xanrof a souvent interprété lui-même ses chansons au *Chat Noir* et dans les salons où il est très recherché, chez M. Constans même, avec lequel il était lié, il interpréta un soir, sur la demande du ministre, et malgré Mme Constans, une chanson qu'il venait de faire, lui qui jamais ne s'est occupé de politique, et intitulée *Carnot-Polka*. L'Élysée eut vent de l'insistance de M. Constans qui n'avait pas vu le moindre mal à faire chanter par l'auteur cette œuvre qui déplaisait, paraît-il, aux familiers du regretté Président. Huit jours après M. Constans était renversé, et Xanrof, qui venait dîner avec lui, place Bauveau, apprenait la nouvelle et assistait au déménagement.

Faut-il penser que ce fait, en apparence insignifiant, n'a pas été étranger à la disgrâce du premier ministre? En France, combien de choses se sont terminées déjà, par des chansons!!

Léon Xanrof, qui s'accompagne au piano, fait la musique de ses chansons et, chose curieuse, il ne sait pas l'écrire.

Au surplus voici, et à titre de curiosité, comment il procède :

En mi :

sì sòl mǐ fā lā sōl fā sǐ sǐ
Quand les bour-geois   sont   en - dor - mis,

sì sòl mǐ dō mǐ rě fā mǐ
Mon - sieur ron - fle, — avec le bras mis

fǎ sòl lǎ sǐ fǎ sòl lǎ sǐ fā sōl
Au cou de Ma - da - me —, un peu gras - se ;

sì fā mǐ sòl fǎ lǎ sòl sǐ
Dans la   chambrette   d'à cô - té,

sǐ fā mǐ sòl fǎ lǎ dò sǐ
Souf - flant avec   difficulté,

sòl mǐ dò sǐ dò rě mǐ sòl fā mǐ
Leur as - so - cié   fait la   basse.

On remarquera que Xanrof indique les notes longues ou brèves, exactement comme s'il s'agissait de vers latins.

Léon Xanrof habite rue Tholozé, à Montmartre, un fort coquet hôtel qui lui appartient, et dans le jardin duquel il s'est fait construire un bureau-atelier qui est une merveille de luxe et de bon goût.

Il s'est marié, il y a un peu plus d'un an, et a épousé Mlle Carrère, une des plus charmantes cantatrices de l'Opéra, douée d'une superbe voix, de beaucoup de talent et qui joint à toutes ces qualités, celle non moins précieuse d'être une charmante maîtresse de maison. Voici comment, de leurs intimes me racontaient ce mariage tout d'inclination. Mlle Carrère, qui chantait au théâtre de la Monnaie, à Bruxelles, lisait chaque jour les chroniques de Xanrof, et, sans le connaître, s'était prise de sympathie pour son auteur préféré. De retour à Paris, Xanrof lui fut présenté au cours d'une soirée chez le directeur du *Gil-Blas*, et, six mois après, les bans étaient publiés, le mariage accompli.

J'ajouterai pour terminer que Xanrof possède un superbe perroquet-amazone, qui chante à merveille les chansons de son maître, notamment *Le Fiacre,* et, je puis l'affirmer l'ayant moi-même entendu, le fameux air :

> Il était un roi de Thulé,
> Qui jusqu'à la mort fidèle;

aussi n'ai-je pas besoin de décrire la stupéfaction des visiteurs et leur admiration pour *Coco.*

PIERRE TRIMOUILLAT

Un nez à la Coquelin, la taille peu élevée, et
mince,. mince, mince à faire paraître obèse Sarah

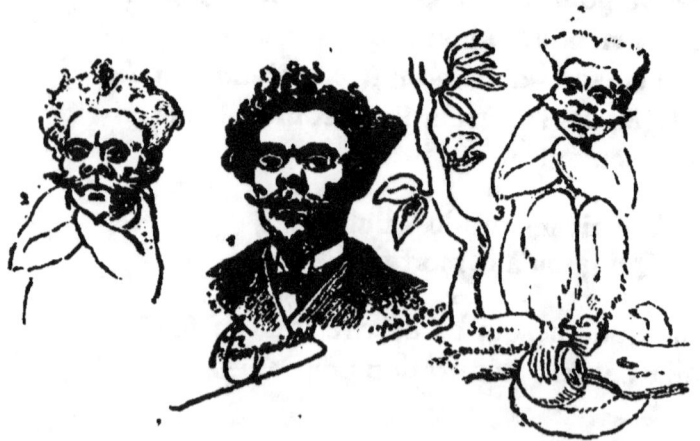

Bernhardt; de tout petits pieds, des mains minus-
cules, une figure qui se perd sous une abondante
hevelure noire; puis, au milieu, et dissimulés der-

rière un binocle, deux yeux noirs, pétillants de malice et d'esprit ; le tout complété par un filet de voix qu'on dirait être un souffle et voilà Trimouillat, le baron Trimouillat! comme a coutume de l'annoncer Rodolphe Salis, au Chat Noir. Au surplus, mon confrère et ami Deschamps, le portraicturait ainsi, dans *La Plume*, et je lui demande la permission de retracer ici ce délicieux portrait.

« Spirituel comme treize bossus, fluet, barbichu,
« menu et tant soi peu étrange; tient donc, par
« l'imprévu de ces méplats, de Roquelaure, Littré
« et Wolff : pourquoi il les abomine. A fait *Gras*
« *et Maigres*, pour se venger d'être trois fois
« moins épais que Sarah Bernhardt. Quand on le
« regarde, pâlit; quand on l'écoute, grandit, et,
« quand on l'en prie, ténorise assez désagréable-
« ment des choses agréablement modernistes. A
« *La Plume*, au *Chat Noir*, partout, ne rencontre
« que des sympathies. Rime des élégies 1850, com-
« pose des drôleries 1912 et chansonne tout, même
« sa pauvreté et les concierges! Imperceptible,
« peut impunément assister au déshabillage, ma-
« quillage et rhabillage d'Yvette Guilbert, laquelle
« lui doit deux francs succès : *A la Brasserie* et
« *A mon Septième.* . . . .
« . . . .
« Enfin sa famille, le voyant faire des vers, lui a
« jadis prédit la prison, avec, pour couronnement,
« la guillotine. »

Pierre Trimouillat, Deschamps l'a fort bien dit, est des plus sympathiques, c'est un excellent camarade, très doux, très bien élevé, très modeste. Il est né en 1858, à Moulins. Dans sa jeunesse, pour se distraire et par goût, il récitait soit chez les siens, soit en soirées, les vers et les monologues des autres; puis, un beau jour, il composa un monologue dont il se refusa à citer l'auteur et qui obtint un franc succès. Dès lors, il ne récita plus que ses propres œuvres, et Saint-Germain, de Féraudy, A. Coutard, Georges Berr, Dumény, Mlles Reichemberg, Réjane, Biana Duhamel, etc., l'interprétèrent fréquemment, recueillant force bravos.

Au concert, Yvette Guilbert, Stefani, Roman, Anna Thibaut, J. Mévisto, etc., se font applaudir constamment, grâce à ses chansons.

Pierre Trimouillat, personnellement, a interprété les meilleurs de ses monologues, de ses chansons à *La Lyre Bienfaisante*, aux *Écrivains Français*, au *Grillon*, au *Caveau*, à *La Plume*, à l'*Association des Étudiants*, qui cessaient d'être bruyants pour l'entendre; aux *five o'clock* du *Figaro*, du *Fin de Siècle* et enfin au *Chat Noir*, où il remporta ses meilleurs succès avec *Le Bègue, Les Gras et les Maigres, A mon Septième, L'Argent*. Sans faire oublier Mac-Nab, Trimouillat en a été, en est encore le très digne successeur, avec, néanmoins, sa note très personnelle.

Il collabore à quantité de journaux : *l'Art Social, le Fin de Siècle, le Mascarille, Paris-Chanson, l'Écho de la Semaine, le Petit Parisien, la Plume, Gil Blas illustré, le Soleil du Dimanche, le Courrier Français,* etc.; est, en somme, très occupé. Il faut citer, au nombre de ses dernières chansons et fantaisies : *La Glace, La Gosseline, Stances de Périer, Alleluia de Faure* (Félix), *Les Vieux du Luxembourg,* et sur la musique de Tagliafico : *Quand le critique (Sarcey) dort,* avec ce sous-titre : « Réflexions de l'Auteur dans la coulisse » (1).

> Voulez-vous bien ne plus dormir
> Bouche ouverte et paupières closes,
> Quand pour vous voir rire ou frémir,
> En scène on crie, on prend des poses...
> Quand pour vous voir rire ou frémir,
> En scène on crie, on prend des poses...
> Pour bien rendre compte des choses,
> Voulez-vous bien ne plus dormir.

Enfin, j'annoncerai que Pierre Trimouillat est en train de réunir ses chansons en un volume et sous

(1) LANGLOIS, éditeur.

ce titre : *Dans la Vie*, et ses poésies et fantaisies rimées en un volume également et sous le titre de : *Contes à dire debout*. Nul doute qu'ils n'obtiennent, tous deux, un très gros succès de librairie, ce que je lui souhaite bien cordialement.

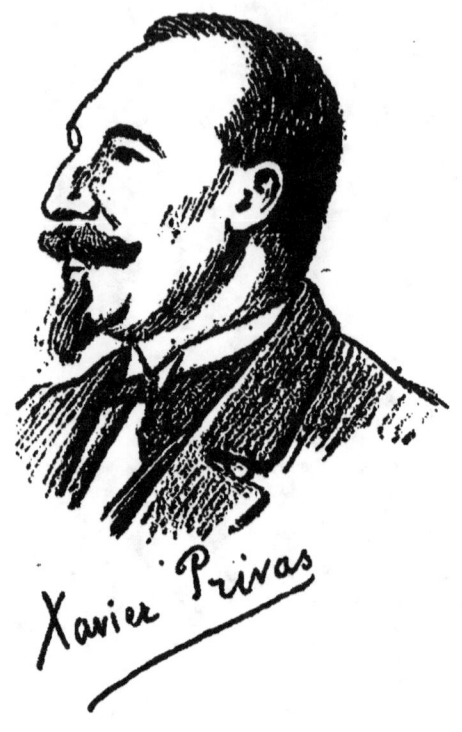

Xavier Privas

Xavier Privas, ou mieux Antoine Taravel, est né à Lyon, le 27 septembre 1863, et a fait ses études au pensionnat de Notre-Dame-des-Anges, à La Mulâtière (Rhône), puis au lycée de Lyon et les a terminées au lycée de Bourg.

Jusqu'en 1892, Xavier Privas s'occupa d'affaires à Lyon. Le soir, pour se distraire, il fréquentait le *Caveau Lyonnais*, et y interprétait les chansons qu'il s'amusait à composer dans ses moments de loisirs.

Encouragé par le succès qu'il obtint, Privas vint à Paris, assista à l'une des soirées de *La Plume*, et y obtint un succès prodigieux avec *Les Thuriféraires*, une magistrale chanson que l'on peut classer parmi les petits chefs-d'œuvre.

Xavier Privas se fit entendre quelquefois au Chat Noir, et plus fréquemment au *Cabaret des 4 z'Arts*, à l'*Ane Rouge* et au Carillon. Partout il fut chaleureusement accueilli. Avec Trimouillat, il est l'un des trois fondateurs des *Soirées-Procope*, installées sur la rive gauche, et dont le succès a été grandissant. A La Bodinière, au cours de ses conférences, M. Maurice Lefèvre a longuement parlé de Privas, dont Mlle Félicia Mallet interprétait l'œuvre avec tout le talent qu'on lui connaît.

Jules Mévisto a été également et est encore un de ses interprètes les plus autorisés.

Xavier Privas n'a pas, on le voit, une bien longue histoire, mais en revanche il a du talent. C'est un grand vigoureux garçon, très doux, très sympathique; mais très net dans sa manière de voir, de penser, et disant nettement ce qu'il pense. La bêtise et la médiocrité l'exaspèrent; l'amour de la chanson, celui de la femme, à l'égard de laquelle il professe un véritable culte, forment sa seule et unique passion.

Je citerai, parmi ses chansons les plus appréciées : *Pentecôte, Grotesques, Chanson pastiche, Chanson paillarde, Chanson galante, Noël de Pierrot, Fête des Morts, Grisettes, Problème, Chanson du Fil*, la *Chanson des Larmes*, puis celle des *Thuriféraires*, que je transcris intégralement :

THURIFÉRAIRES

POÉSIE ET MUSIQUE DE XAVIER PRIVAS

Hé là-bas ! les limeurs de rimes,
Les travailleurs des arts, les fous,
Les fondeurs de pensers sublimes,
    Qu'êtes-vous ?

— Nous sommes les thuriféraires
    En prières,
Lançant à genoux l'encensoir
    Au sanctuaire
    Où la chimère
    Est ostensoir.

3.

Hé là-bas! les rêveurs pudiques,
Les amoureux transis, les doux
Chercheurs de plaisirs platoniques,
    Qu'êtes-vous?

— Nous sommes les thuriféraires
    En prières,
Lançant à genoux l'encensoir
    Dans la chapelle
    Où cœur fidèle
    Est ostensoir.

Hé là-bas! les êtres à vendre
Et les joueurs et les grigous
Et tous les usuriers à pendre,
    Qu'êtes-vous?

Nous sommes les thuriféraires
    En prières,
Lançant à genoux l'encensoir
    Dans un asile
    Où l'or en pile
    Est ostensoir.

Hé là-bas! les clowns et paillasses,
Les charlatans et les filous
Et tous les pitres à deux faces,
    Qu'êtes-vous?

— Nous sommes les thuriféraires
  En prières,
Lançant à genoux l'encensoir
  Dans une église
  Où la bêtise
  Est ostensoir.

Hé là-bas! les chefs de ripailles,
Les noceurs assoiffés et tous
Les dépuceleurs de futailles,
  Qu'êtes-vous?

— Nous sommes les thuriféraires
  En prières,
Lançant à genoux l'encensoir
  Devant la vieille
  Dive bouteille
  Pour ostensoir.

Hé là-bas! les gueux sans asile
Crève-faim sans mailles ni sons
Et tous les Robinsons sans île,
  Qu'êtes-vous?

— Nous sommes les thuriféraires
  En prières,
Lançant à genoux l'encensoir,
  Sans paix ni trêve,
  Vers la Mort brève
  Pour ostensoir.

J'ajouterai, pour terminer ces trop courtes notes, que Xavier Privas prépare en ce monent un volume, *Chanson Moderne*, qui obtiendra très certainement un gros succès et qui sera un fort intéressant document.

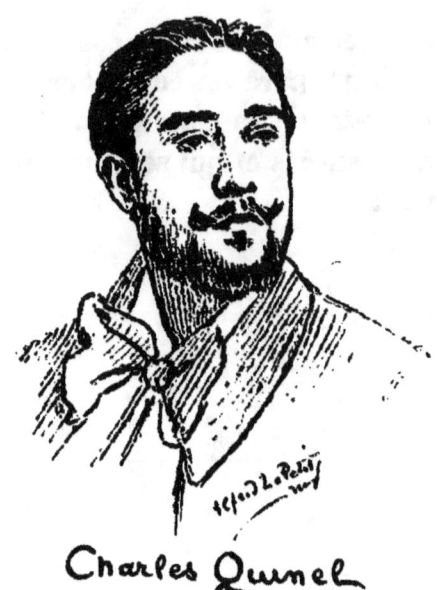

Charles Quinel

Charles Quinel, un Parisien, est né sur la butte
Montmartre, le 10 mars 1868, et jamais il n'a délaissé ce quartier, si vraiment parisien, si réellement artiste.

Comme beaucoup de ses camarades, il débuta
au *Courrier Français*, puis entra au *Charivari*,
où il se fit peut-être quelques ennemis, et, une
réputation très méritée de spirituel humoriste. Il
collabora au *Journal Amusant* et à *La Caricature*.

Il a fait paraître deux volumes de vers humoristiques, aujourd'hui introuvables, ayant pour

titres, l'un : *Vers... de lampe*, l'autre, *La Lyre...
des reins.*

Comme chansonnier, il a commis notamment
trois petits chefs-d'œuvre, et cela au besoin suffirait largement pour justifier ces trop courtes
lignes : *Les Moutons ; La Chanson des Rouliers*
et *Le Vent.*

Cependant Charles Quinel en outre, avait et
sans en parler à personne, sauf au compositeur
Poujade, écrit une délicieuse chanson : *L'Alouette*,
et ceci tout récemment. Or, à sa très grande stupéfaction, Quinel apprit un beau matin qu'il venait d'obtenir le premier prix au concours de l'Eden-
Théâtre, auquel il n'avait, croyait-il, pas pris part,
ayant horreur des concours qui, selon lui, ne
prouvent rien ou pas grand chose.

Comment donc était-il lauréat ?

C'est bien simple et voici l'histoire, contée par
mon confrère René Dubreuil :

« Or, il y a quelques mois, Quinel avait confié,
« à notre ami Lucien Poujade, le fin compositeur,
« prix de Rome, cette *Alouette* glorieuse qui vient
« d'attacher à son bec la médaille d'or de l'Éden.
« Poujade, cherchant l'inspiration — qu'il a trouvée
« du reste, car la musique de cette œuvrette est
« grande et belle — se promenait un jour, la chan-
« son de Quinel en poche, sur le boulevard Sébas-

« topol. Il vit l'annonce du concours. De l'affiche
« à la porte de l'Eden, il n'y a qu'un pas, il le fit
« et glissa sous enveloppe à l'adresse du Jury le
« manuscrit du poète... Puis, tranquille, la cons-
« cience en repos, il rentra chez lui et ne souffla
« mot à personne de son méfait. »

Quelques jours après, Quinel, qui n'avait rien
envoyé, obtenait une médaille d'or, et c'était
justice !

Je m'empresse d'ajouter que cela n'a en rien
modifié son opinion à l'égard des concours, fussent-
ils généraux !

Charles Quinel, après avoir eu quelques mono-
logues à succès, interprétés par Coquelin cadet et
Galipaux, a fait du théâtre ; et *Petit Ménage*, au
Nouveau-Théâtre ; et *La Main gauche; En son
Hôtel; La Question du Cœur* sont là pour prouver
qu'il a eu raison.

Il y a beaucoup à parier que *La Courte Échelle*,
trois actes annoncés par la presse, obtiendra, au
Palais-Royal, un succès digne de ses plus modestes devancières, et de celui qui, avec Henry
d'Erville, Maurice Boukay, Privas et quelques
autres, a mené le bon combat pour la défense de
la Chanson française.

MARCEL MOUTON

———

Marcel Mouton est un jeune poëte de vingt-six ans, très sincère, très convaincu, d'un enthousiasme fou et, de très bonne foi d'ailleurs, s'affirmant très sceptique, et s'efforçant à le prouver aussi bien en quelques-uns de ses vers qu'en conversation.

Il nous permettra bien, je suppose, de ne le croire qu'à demi. En tout cas, Marcel Mouton a ceci de commun avec les peuples heureux ; il n'a pas d'histoire. En effet, il fuit systématiquement les occasions de se produire en public,

Il vint un jour au Chat Noir, et très irrégulièrement s'y fit, pendant deux ans, applaudir en récitant des vers parfois très tendres, très amoureux, exquisement pervers, tels sa *Litanie des baisers* ou sa *Dinette amoureuse* ; parfois rieurs et caustiques, tels son *Élégie sur la mort de deux singes* ou sa *Grenouille et le Veuf*.

Il dit simplement, d'une voix claire, nette, agréable et se montre plus que sobre de gestes. Il a

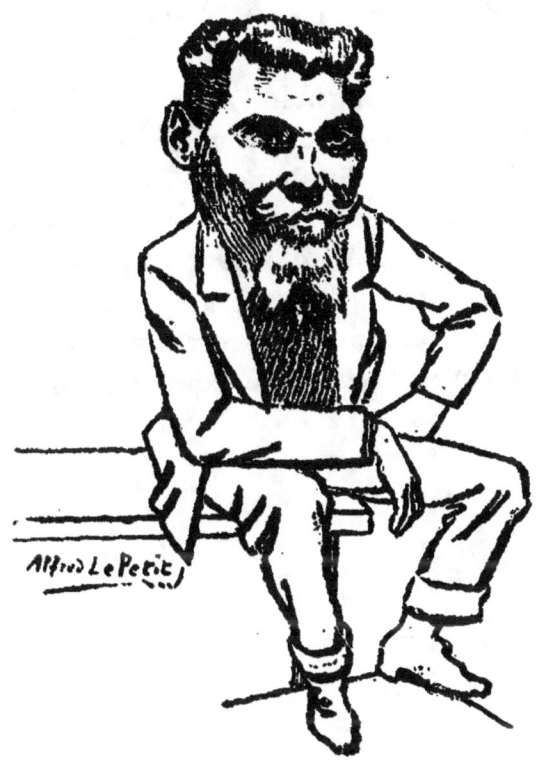

Alfred Le Petit

publié un volume de poésies *Tendresses et Ran-
cœurs* pour lequel François Coppéc, son parrain
littéraire, a écrit une préface non moins élogieuse
que spirituelle. Il a fait paraître également *Les*

Contes à Merinette, soulignés, par le compositeur Chassaigne, d'une suave mélodie, et prépare, ma foi tant pis, soyons indiscret, un roman de mœurs, sous ce titre des plus suggestifs *Rut pour la vie*.

Marcel Mouton, fils du général mort en 1871, a fait ses études à La Flèche, et si vous lui demandiez comment il se fait qu'il ait abandonné la carrière paternelle, il vous répondrait en souriant : « A l'art de la Guerre, j'ai préféré la guerre de l'Art. »

Nous lui souhaitons de longs états de service, de nombreuses victoires ; qu'il saura mériter s'il tient toutes ses promesses, et la continuation de son aimable scepticisme.

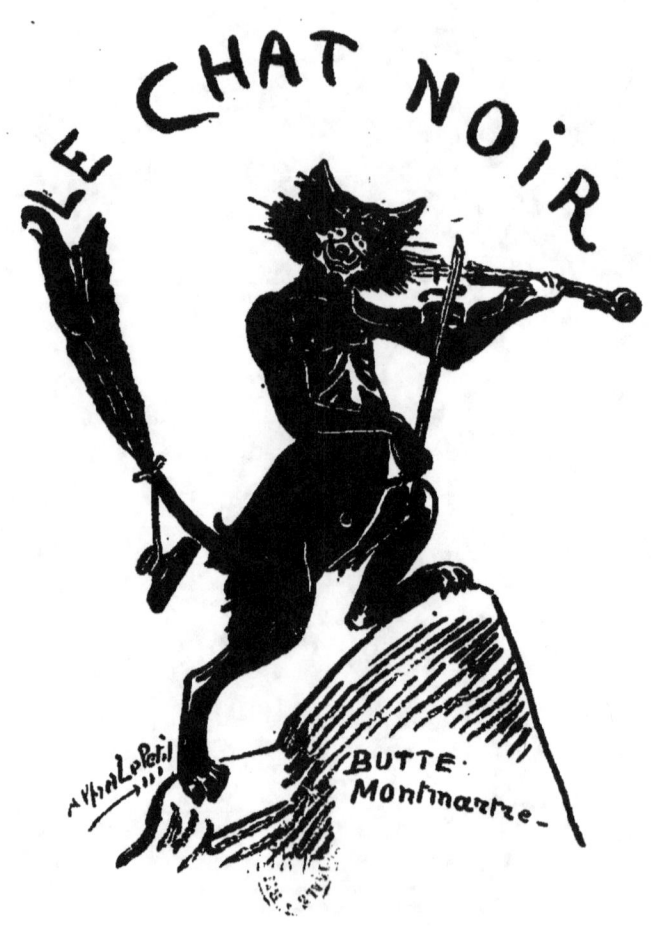

LE CHAT NOIR

BUTTE Montmartre-

RODOLPHE SALIS

SEIGNEUR DE CHANOIRVILLE-EN-VEXIN

BARON DE LA TOUR DE NAHNTRÉ

————

Salis, ou le Chat Noir! le Chat Noir ou Salis!
car comment ne pas réunir en une seule et même
appellation le créateur et la créature? Comment
çonter, même imparfaitement, l'histoire du Chat
Noir, sans parler à chaque ligne de celui qui en
fut l'âme, qui toujours en est l'âme, qui en eut
l'idée, sut la mettre à exécution, la mener à bien,
et réunir les éléments artistiques et littéraires qui
ont fait du Chat Noir le seul établissement réellement artistique, je ne dirai pas de Paris, mais
du monde entier. De plus autorisés que moi ont
parlé et parleront du Chat Noir, en écriront ou
en ont écrit l'histoire et l'agrémenteront d'appré-
ciations, de critiques, de jugements que je me gar-

derai bien d'émettre pour ma part. Mon œuvre
est plus modeste, je n'apprécie pas, je ne juge pas,
je n'invente pas, j'écris simplement ce que je sais,
ce que j'ai recueilli de notes à des sources autori-
sées, ce que j'ai pu voir et entendre, laissant volontairement de côté les avis quelquefois partagés,
pour ne me souvenir que d'une chose, c'est que le
Chat Noir est en quelque sorte l'Académie de la
chanson, de la critique, du rire et de l'art sincère,
véritable, et que si nul n'y est immortel, beaucoup survivront de ceux qui s'y sont fait un nom
grâce à la vogue de l'établissement, mais aussi,
mais surtout grâce à leur valeur personnelle, à
leur réel talent. Le Chat Noir a fait connaître les
uns et les autres, c'est indéniable, il les a lancés,
les a produits, et les uns et les autres ont fait du
Chat Noir ce qu'il est, un cénacle sans rival, un
rendez-vous artistique de tout premier ordre, où
l'esprit, qu'il se manifeste par la chanson, par le
vers, par la peinture, par le dessin ou la musique,
est toujours de l'esprit, est, surtout, de l'esprit !

Donc, Rodolphe Salis, qui avait fait au collège
de Châtellerault des études exécrables, ayant
passé le plus souvent son temps à courir les
champs, les fourrés et les bois, son adoration de
toujours, et qui entretenait de déplorables relations avec le principal, un homme cependant re-

marquable, qui avait inventé, paraît-il, la table de multiplication de Pythagore, vint à Paris en 1879, pour dessiner.

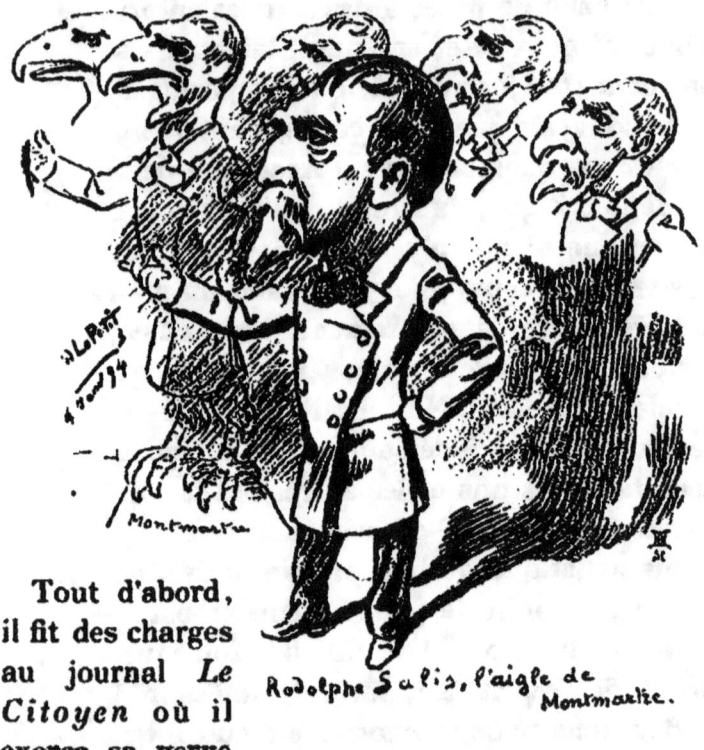

Rodolphe Salis, l'aigle de Montmartre.

Tout d'abord, il fit des charges au journal *Le Citoyen* où il exerça sa verve de caricaturiste contre Grévy, *l'archonte*. Il fut élève de Pons Carle, le graveur en médailles, puis il suivit aux Beaux-Arts le cours de Lehmann et se mit résolument à faire de la peinture. Salis était

4

alors un des fervents de la forêt de Fontainebleau.
Il habitait Marlotte et stupéfiait les habitants et
les promeneurs par son vêtement extraordinaire.
Il revêtait en effet un costume à la Don César de
Bazan, feutre empanaché, manteau rouge et ra-
pière au côté, puis en cet attirail, sa boîte à couleurs à la main il s'installait en pleine campagne
et faisait des paysages... et des blagues... corri-
geant, rectifiant, augmentant les toiles des uns et
des autres.

Avec Ballu, il fit à cette époque nombre de
paysages destinés à l'Amérique, qui en faisait
une énorme consommation. Borniche, pourvu que
ce fût bon marché, achetait tout et Gandarra, et
Coller en savent quelque chose. Toujours est-il
que Borniche est mort possédant encore 45,000 tableaux!!!

Il eût été, à cette époque, bien difficile, à travers
la mélancolie des œuvres de Salis, de deviner
celui qui devait être plus tard le grand maître de
la gaîté, l'inventeur des *catachrèses* émaillant les
discours les plus exhilarants, les moins prévus.

Rue de Seine, où il habitait alors, avec toute
une colonie de peintres et d'artistes, Salis connut
Forain et tant d'autres déjà célèbres.

Avec le sculpteur Wagner, il fonda — c'était un
besoin chez lui — l'École vibrante dont faisaient

partie des peintres, des sculpteurs, des poètes. Lebiez, le guillottiné célèbre, en fut!

Cette singulière école eut un grand retentissement. Au cours d'un voyage qu'il fit en Amérique, Wagner s'annonça partout comme vice-président de cette Société dont Rodolphe Salis était le fondateur. Les Américains furent séduits, et Wagner, avec le plus grand sérieux du monde — même du nouveau — distribua force diplômes de membres honoraires, pour la plus grande joie, pour l'immense fierté des Yankees, très heureux d'appartenir à une Société si éminemment artistique.

Un jour, c'était en 1881, Salis, qui avait connu les amertumes de l'existence, les difficultés de la vie quotidienne, s'installa au 84 du boulevard Rochechouart et y fonda un cabaret sous le nom de *Chat Noir*. Ses habitués principaux s'appelaient alors, Émile Gauthier, Crié, Labusquière, Callet, aujourd'hui Inspecteur de la Ville de Paris, etc., etc.

Dès qu'il eut, grâce à son cabaret, gagné quelque argent, il mit à exécution un rêve dès longtemps caressé et il créa, avec Clément Privé, le journal *Le Chat Noir* qu'il plaça sous l'inspiration de cet animal symbolique, cher au foyer, gratinant et -ronronnant, si merveilleusement chanté par Bau delaire. Salis devina Willette, l'alla chercher ainsi que Steinlein, et leur donna libre carrière.

Autour de lui s'étaient groupés Émile Goudeau et la plupart des Hydropathes, puis Henri Rivière, d'Abezac, Adrien Dézamy, Mac-Nab, etc.

Rivière était chargé de la mise en pages du journal et déjà, bien que fort jeune, ses rares qualités d'artiste sincère et convaincu se développaient à merveille.

George Auriol vint, puis Alphonse Allais, alors élève-pharmacien, et dès cette époque, Salis se révélait bonimenteur inouï, fantastique. Les clients étaient reçus par lui, accueillis par des discours ahurissants de verve, et obligés de passer sous une « voûte d'acier » que formaient les rapières décrochées aussitôt des murs par les habitués, puis soumis à des séries d'épreuves plus fantastiques les unes que les autres. Edmond Dechaumes était grand-maître des cérémonies, secrétaire de la rédaction, et, comme son irrégularité à remplir ses fonctions était notoire, souvent le journal portait en manchette, « Secrétaire de la rédaction : feu Dechaumes ».

C'est également à la même époque que Salis et Jules Jouy fondèrent le banquet de « la Soupe et le Bœuf ». Le jour où devait avoir lieu ce banquet mémorable, le cortège se formait au Chat Noir, et s'en allait, armé de mousquets, de rapières et de cloches, courir tout Montmartre.

Parent, qui fut depuis chef de cabinet d'un ministre très en vue, était chargé de la cloche.

En route, on retrouvait Coquelin cadet, puis la bande nombreuse des camarades et le souper s'organisait. On était environ deux cent cinquante à table et c'était à qui ferait le plus de blagues. Le potage s'agrémentait de pipes, de vieilles savates, etc., etc., et le tapage était tel que ni Goudeau, ni Jouy qui présidaient, n'arrivaient à se faire entendre. Les frères Decori étaient parmi les plus bruyants. Alphonse Cartier faisait fonctions de secrétaire, et Léon Blois, farouche, y apparut se plaignant amèrement du peu d'ordonnance de ces repas qui le laissaient affamé. Alors, en ce Montmartre, cerveau du monde (Salis) on faisait revivre les traditions d'autrefois, et le règne du bon plaisir, et Rodolphe Salis avait créé un cabaret où tous les artistes trouvaient place, et tenaient à honneur de fréquenter.

Les souteneurs, qui avaient fait de ce coin de quartier leur empire maritime, étaient furieux de cette invasion d'artistes parmi lesquels on comptait : Coppée, Haraucourt, Pimpinelli, Léopold Dauphin, Georges Fragerolle, Caran d'Ache, Willette, Steinlein, Henri Somme, Henri Rivière,

Simiac et tant d'autres. Des luttes homériques
eurent lieu mais Salis, doué d'une force peu com-
mune, tint ces messieurs du trottoir en respect,
et conserva l'inviolabilité de son logis, déjà célèbre.

Tous les vendredis, il y avait au boulevard
Rochechouart des soirées artistiques, des réunions
littéraires où triomphaient Jean Rameau, Goudeau, Haraucourt et les autres. Victor Meusy y
créa avec succès le *Sacré-Cœur*, Marcel Legay,
Jules Jouy s'y faisaient applaudir et dès lors on
prenait l'habitude de chanter chaque soir au piano.
Aristide Bruant tenait l'emploi de « Maître Guo-
guettier ».

Est-il besoin d'ajouter que le succès vint vite et
que l'établissement fut rapidement trop petit. On
résolut alors, pour s'agrandir, de décider à déménager un voisin, petit horloger qui se trouvait
bien et voulait rester. Willette lui fit charges sur
charges, le rendit à moitié fou et l'obligea à se retirer de *bonne volonté*.

On s'agrandit alors et le cabaret devint réellement artistique. Willette composa, pour le pan-
neau principal, son célèbre *Parce Domine*.

Les autres coins de la muraille furent recou-
verts de toiles signées : Charles Cros, Steinlein,
Caran d'Ache, etc., que la foule vint admirer en

grand nombre. Le cabaret ne désemplissait pas.

Les souteneurs, de plus en plus furieux, revinrent à la charge, ils se ruèrent un soir contre le Chat Noir, en nombre, avec leur habituelle bravoure. Salis reçut quelques coups de couteau, l'un de ses garçons fut frappé à mort dans la bagarre.

Dégoûté du boulevard extérieur, Salis, qui venait de découvrir rue Victor-Massé, alors rue de Laval, un petit hôtel d'aspect bourgeois, mais qui avait abrité le maître-peintre Stevens, résolut d'y transporter ses pénates. Le Chat Noir, devenu grand garçon, se mettait dans ses meubles. Quand tout fut en état, on déménagea un soir, en grande pompe, et ce fut homérique.

Deux suisses en grande tenue, superbement empanachés, ouvraient la marche précédés par une fanfare d'amateurs. Salis venait ensuite en costume de Préfet, puis deux chasseurs portaient la bannière du Chat Noir, sur laquelle brillait le célèbre écusson « *d'or au Chat de sable passant, armé et lemplacé de gueules* », avec cette devise : « *Montjoye-Montmartre* ». Quatre académiciens (costume exact) portaient religieusement le *Parce Domine!* de Willette et, dans une voiture à bras, s'empilaient modestement d'autres objets. Escorté par une foule énorme, le cortège, éclairé par de nombreuses torches, fit le grand tour des boule-

vards extérieurs, au son de la fanfare, jouant me-
nuets et gavottes, puis, la troupe s'engouffra dans
le nouveau logis merveilleusement installé et dont
l'aspect avait été singulièrement modifié.

Les auvents étaient garnis de fleurs et de
plantes grimpantes, de superbes lanternes en fer
forgé, œuvres du maître E. Grasset, chefs-d'œuvre de ferronnerie moderne, éclairaient la façade,
encadrant l'admirable vitrail du maître peintre-
dessinateur A. Willette.

A l'intérieur, Salis avait entassé des merveilles :
des boiseries, des armes étranges, des bibelots
précieux à profusion, des fers forgés remarquables, etc., etc. Paris se rua rue de Laval.

Salis avait fondé Montmartre !

Alors on organisa des spectacles ; Caran d'Ache
et Henri Rivière eurent l'idée de créer des ombres
chinoises. Caran d'Ache et Henri Somme dessi-
nèrent, l'un 1808, l'autre son fantastique éléphant.
Henri Rivière, encore bien jeune, mais déjà très
ingénieux et très, très artiste, chercheur infatigable, trouva la formule inattendue de la perspec-
tive en ombres, dont on s'est servi depuis, mais
sans l'égaler jamais.

Il était prodigieux, en effet, d'avoir l'audace,
sur un transparent blanc et de valeur égale, de
mettre des groupes grouillants, animés, mouve-

mentés et placés sur des plans différents, sans une ligne de terrain, sans horizon.

Rivière, pour la première fois, appliqua ses règles et principes, dans une pièce, *La Rue à Paris*, et Caran d'Ache, qui avait commencé à dessiner l'*Épopée*, adopta cette formule nouvelle et il obtint des résultats et des effets inattendus, si puissants que, lors de la première représentation, les esprits les plus subtils, Jules Lemaître en tête, furent séduits et charmés et le dirent hautement. Grasset avait dessiné la façade du théâtre qui était installé dans l'ancien atelier du peintre Stevens. H. Rivière dirigeait la représentation et le fonctionnement des ombres, le succès fut inoubliable.

Tout Paris vint voir la *Légende de l'Empereur*, dépouillée de tout le côté grotesque obligatoire aux parades des Cirques, et l'émotion fut considérable en présence de la Grande-Armée, figure minuscule, se ruant sur la redoute et plantant au sommet le drapeau tricolore. Salis, avec sa faconde si étrange, expliquait à sa façon cette glorieuse période, et il émaillait de commentaires inattendus l'action de cette pièce qui restera un des plus gros succès du Chat Noir.

Dans la coulisse, Caran d'Ache tenait la grosse caisse; Alphonse Allais, avec son tambour, se dé-

fendait énergiquement contre Auriol et Léon Delarue, l'un armé d'un triangle, l'autre du « fracas
de mitraille » obtenu grâce à un singulier instrument, très curieusement organisé.

Les voisins, habitués au calme absolu en ce coin
de Montmartre, se plaignirent amèrement, et Salis,
— M. Gragnon régnant en maître à la Préfecture
de Police, — se vit, en moins de trois mois, à la
tête de plus de huit cents contraventions. L'officier de paix, M. Fédée, dont il a été beaucoup parlé
ces temps derniers, et auquel l'école chatnoiresque
avait voué un superbe mépris, avait juré la mort
du Chat Noir.

Son attitude fut absolument..... déplorable, et
l'on serait tenté, en songeant à l'animosité qu'il
déploya, de supposer que ce policier extraordinaire
avait la haine de l'art, le mépris de ce qu'il ne pouvait qu'ignorer. Salis, affolé, perdait la tête. Huit
cents contraventions, les amendes, la prison. c'é-
tait la mort de son établissement, la ruine des
siens.

Après avoir tout tenté, après avoir frappé
à toutes les portes, avoir été partout éconduit.
Salis, résolu à toutes les extrémités, se rendit un
beau jour chez le général Pitié, un littérateur distingué, un poète exquis, et par dessus tout, un
homme d'esprit et de cœur, dont le souvenir est

demeuré vivace en la mémoire de ceux qui l'ont connu.

Salis lui conta par le menu toutes les tracasseries policières dont il était victime, il lui déclara formellement que, puisqu'on tentait de le ruiner, il ferait sauter son établissement, lui, et les siens avec!!!

Le général sourit, le calma, passa dans le cabinet du président Grévy, plaida la cause des artistes, la gagna et, tout joyeux, vint annoncer à Salis que tout était arrangé, la prison effacée, les amendes réduites très considérablement, et le « Chat Noir », désormais certain de vivre sans être inquiété.

Toute la grande presse, d'ailleurs, avait énergiquement protesté contre la ridicule attitude de la police envers un établissement unique et si réellement intéressant.

Assuré de sa tranquillité, le Chat Noir prit alors son essor complet. Successivement on représenta au théâtre, et en ombres : *La Conquête de l'Algérie*, de Bombled; *La Tentation de Saint Antoine*, de Henri Rivière qui, à peine âgé de vingt-quatre ans, se colletait ainsi avec l'œuvre formidable de Flaubert, et en tirait un pur chef-d'œuvre; *De Cythère à Montmartre* et *La Potiche*, de Henri Somme; *Le Casque en or*; *Les Oies de Javotte*, de

Henri Pille; *Le Portrait du Capitaine*, de Sabattier; *La Nuit des Temps*, de Robida; *Flagrant délit*, de Rivière; *L'âge d'Or*, de Willette; *Cruelle énigme*, de Fernand Fau; *Truc for life*, de Fau; *La Marche à l'Étoile*, de Georges Fragerolle; *Phryné*, de Maurice Donnay, qui se révéla maître fantaisiste, d'une impeccabilité absolue, poète charmant, ironiste précieux, que Porel arracha au Chat Noir à prix d'or et dont il fit, à l'Éden, représenter *Lysistrata*. Toutefois, Donnay fit encore pour le Chat Noir, *Ailleurs*, cette revue si curieusement cruelle, d'un symbolisme ardent qui, avec les merveilleux décors d'Henri Rivière, fut un véritable régal pour les délicats. Le théâtre du Chat Noir, joua encore : *Le Carnaval de Venise*, de Maurice Vaucaire; *Pierrot pornographe*, de Louis Morin; *Sainte-Geneviève*, de Léopold Dauphin; *Roland à Ronceveaux*, de d'Esparbès, musique de Charles de Sivry; *Héro et Léandre*, d'Haraucourt; *Le Rêve de Zola*, de Jules Jouy; *Le Roi débarque*, de Louis Morin, j'en passe, et enfin l'*Enfant Prodigue*, poème et musique de Georges Fragerolle, dont le succès menace de surpasser celui de la *Marche à l'Étoile*.

Je ne puis oublier l'accompagnement de *l'Enfant Prodigue* au violon par Roillet, au piano par O' Connolly, tous deux réellement merveilleux.

Et toutes ces représentations que rien ne saurait égaler, sont dirigées dans la coulisse par l'admirable artiste qu'est Henri Rivière, vaillamment secondé par le peintre-émailleur Henri Jouarre, le lieutenant, le bras droit de Rivière, le seul qui puisse réellement, en son absence, diriger cette si importante partie du spectacle. Nul n'ignore que

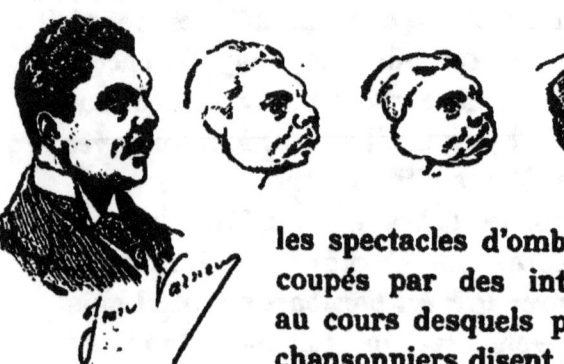

les spectacles d'ombres sont coupés par des intermèdes au cours desquels poètes et chansonniers disent eux-mêmes leurs œuvres. Je citerai seulement au hasard et sans commentaires les noms de ceux qui firent et font encore des soirées du Chat Noir un spectacle inoubliable et si particulier.

Mac-Nab, Moréas, Jean Rameau, d'Esparbès, Haraucourt, Maurice Donnay, Maurice Vaucaire, Jules Jouy, Armand Masson, Paul Delmet, Jacques Ferny, Vincent Hyspa, Fragerolle, Jean Goudezki, Marcel Lefèvre, Xanrof, Jules Oudot, Léon

Durocher, Lemercier, Xavier Privas, Pierre Trimouillat, Hauton, Zamacoïs, Varney, Richard,
le docteur Montoja, Goudeau, Samain, Le Car-
donnel, Marsolleau, Camille de Sainte-Croix,
Clovis Hugues, G. Herbert, Ogier d'Ivry, Paul
Margueritte; — je cite au hasard, sans ordre on le
voit, et j'en oublie — et Rollinat, et Mistral, et
Villiers de l'Isle-Adam, en un mot, tous ceux qui
ayant une valeur étaient au Chat Noir chez eux.

Citer ici les noms de tous ceux qui ont assisté
aux soirées du Chat Noir, serait citer le « Tout
Paris » littéraire, artistique et mondain. Les ministres en grande partie, les officiers généraux
les plus en vue, la Maison Militaire des divers Pré-
sidents, tous les littérateurs, les peintres, les grands
musiciens ; les Rothschild ; le roi de Grèce ; le prince
de Galles ; Dom Pedro, et, tout récemment, le roi
Alexandre Ier de Serbie, accompagné du roi Milan,
du colonel Chamoin, et d'une nombreuse suite, ont
été les hôtes du Chat Noir, dont les *premières*
sont toujours considérées comme des événements
artistiques dont rendent longuement compte les
critiques les plus influents.

Il convient de dire que, de tous les cabarets artistiques, le Chat Noir est celui qui a donné la
note la plus élevée, la seule véritable note d'art
réel et de curiosité artistique.

Au cours des représentations, Salis, Chœur antique, explique les pièces sans texte et présente au public les poètes et chansonniers.

Il faut entendre les boniments extraordinaires du gentilhomme-cabaretier, pour se rendre un compte exact de sa verve endiablée.

Il faut l'entendre clamer que : « Montmartre est le cerveau du monde! que la Butte sacrée est la mamelle granitique et formidable à laquelle s'abreuveront les générations éprises d'idéal! Il faut l'entendre railler les puissants, les forts, mépriser les mesquins, dédaigner les *épiciers*, s'enthousiasmer pour le beau, et porter haut et ferme le drapeau sur lequel il inscrit les noms des artistes réels. Ses phrases lancées d'une voix puissante, « mais enrouée », selon l'expression de Donnay, font l'effet d'éclats de mitraille. La tête rejetée en arrière, les bras croisés sur la poitrine il semble défier un ennemi invisible, et chaque jour il trouve de nouveaux accents, des expressions plus hardies. Souvent aussi ses phrases se commencent et se finissent sans que nul, « pas même lui », ait pu comprendre un mot de ce qu'il a voulu dire, mais qu'importe, on écoute bouche bée, on applaudit et l'on écoute encore, car il parle, parle toujours.

Malgré sa robuste envergure, Salis a des moments de fatigue qui l'obligent à se reposer, et

alors les fonctions de chœur antique sont remplies
par les camarades. Adrien Dézamy et votre serviteur ont le plus fréquemment accompli cette très
lourde tâche, mais nul n'a jamais fait oublier Salis,
et nul ne peut prendre l'autorité qu'il s'octroie de
par sa propre volonté, comme il s'est octroyé, en
présence du succès, la rosette d'officier de l'Instruction publique. Il déclare d'ailleurs qu'il attend
d'être poursuivi pour port illégal de décoration et
qu'il espère que ce jour-là son avocat évoquera,
comme témoins à décharge, les ombres de ceux qui
furent ses maîtres et la voix de ceux qui sont
« son admiration ».

Et la défense cite au nombre de ceux au nom
desquelles elle sollicitera le bénéfice de la Loi Bérenger : Villon, Rabelais, Montaigne, Boccace,
La Fontaine, Beroil de Varvil, et les modernes :
Maupassant, Flaubert, Gauthier, Mirbeau, Zola,
Daudet, Huysmans, de Goncourt, qui sauraient
obtenir pour l'auteur des « curieux contes du Chat
Noir », une indulgence que *Minos*, *Eaque* et *Rha-
damante* ne sauraient refuser.

En effet, les deux volumes de contes en vieux
français de R. Salis sont d'une grande originalité,
et si la langue qu'il a écrite n'est pas tout à fait
celle du xvie siècle, elle en a l'harmonie, le caractère ; ces deux volumes resteront à consulter et,

ainsi que l'écrivait Sarcey, à mettre à côté de Bal-
zac, dans une bibliothèque. Amis, indifférents ou
même détracteurs (qui n'en a pas!) ne peuvent refuser de reconnaître à Salis une puissante originalité, une verve extraordinaire, un goût parfait,
une connaissance profonde des xvi⁰, xvii⁰ et
xviii⁰ siècles et un bonheur constant dans le choix
de ceux que depuis douze ans il présente au public
comme poètes, peintres ou chansonniers de grand
talent et que la foule acclame chaque soir, ratifiant
pleinement son jugement.

Et je dis là ce que je pense, loyalement, très sin-
cèrement, me plaçant au-dessus de toutes les
petites mesquineries humaines, et sans qu'aucun
de ceux qui me connaissent puissent m'accuser de
flatterie. D'ailleurs, et je suis loin de m'en plaindre, je préfère le bleu du ciel au noir des tempêtes,
ce dernier finissant toujours, fort heureusement
d'ailleurs, par céder la place au premier, pour notre
joie, pour le repos de nos esprits tourmentés si
souvent, pour le plus grand besoin de nos cœurs
généralement peu faits pour le mal, et si enclins à
tout aimer, pourvu que ce soit bon, juste et beau.

Dirai-je encore que Salis a été candidat à Montmartre, aux élections législatives de 1889, candidat
des « revendications littéraires, artistiques et sociales » avec ce programme « Séparation de Mont-

martre et de Paris ». Rappellerai-je cette affiche
humoristique dans laquelle il affirmait que *Bou-*
langer c'était lui, non un autre. Citerai-je aussi
ces fameuses courses de voitures à bras et de culs-
de-jatte, organisées par Salis au 14 Juillet? A
quoi bon, qui ne s'en souvient !

Pour mémoire également, je rappellerai que
M. de Vogüé, dans un discours de réception à l'A-
cadémie Française, faisait l'éloge du Chat Noir en
des termes qui témoignaient et de la valeur recon-
nue de cet unique établissement, et de l'esprit et
du goût de l'illustre académicien.

Raconter entièrement le Chat Noir, tiendrait un
volume, et forcément je dois me restreindre, et
laisser à de plus autorisés le soin d'écrire un jour
l'histoire absolument complète du cabaret célèbre.
Les secrétaires généraux du Chat Noir, ont été
nombreux. Ces délicates fonctions sont aujourd'hui
remplies par mon confrère et ami Laumann, un
journaliste de valeur, un littérateur très fin, dou-
blé d'un explorateur non sans mérite. Laumann
est un des fidèles du Chat Noir, je dirai même un
des collaborateurs les plus anciens, les plus assidus, ne dédaignant pas de mettre la main à la
pâte, et secondant vaillamment Rivière et Jouarre
dans les coulisses, soit comme machiniste, soit
comme chef de batterie, voire comme choriste, et

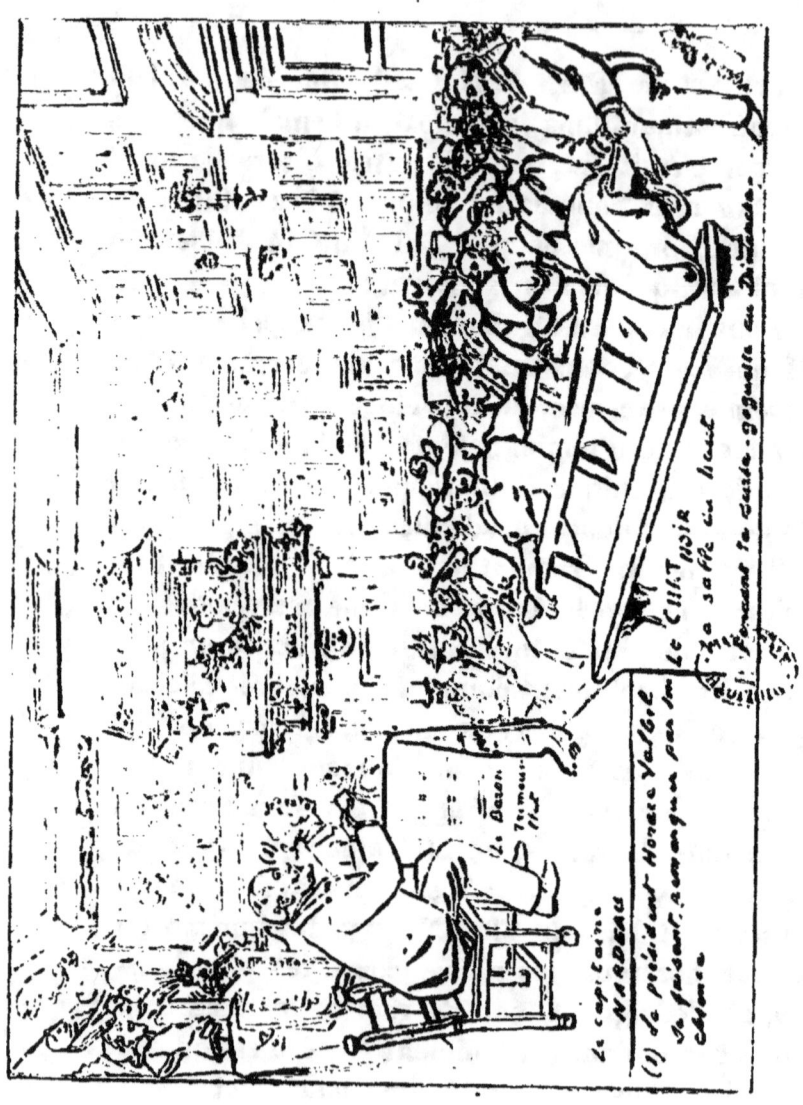

j'ajouterai que les abonnés du Théâtre-Libre ont applaudi de fort jolies pièces de lui, *Le Cœur révélateur; Nos Mères*, et qu'il convient de citer le volume qu'il a publié sur la côte d'Afrique, au retour de son voyage d'exploration.

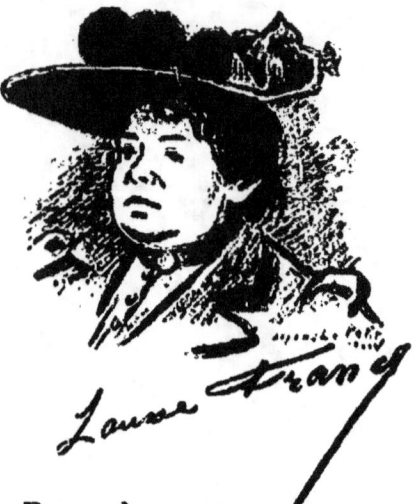

Le capitaine Nardeau, un excellent camarade, aide chaque soir à la réception des visiteurs, et fait revivre aux « Goguettes » du dimanche, les si curieuses chansons de Durandeau et l'unique chanson du général Lassalle, que les habitués reprennent en chœur.

Nardeau ne compte que des amis et c'est le meilleur éloge qu'on puisse faire de lui. Mme Louise France, du Théâtre-Libre, une artiste de grande valeur, qui tourne agréablement le vers libre et le couplet, est présidente d'honneur de ces goguettes fort suivies. Elle y interprète ses propres œuvres et très agréablement celles d'auteurs aujourd'hui disparus.

Le Chat Noir qui a triomphé en province, en Belgique, en Algérie, en Tunisie et qui triomphera partout où il ira, compte Léon Gandillot comme archiviste; Raphaël Schoomard comme chef des chœurs; Narcisse Lebeau comme maître de ballet, notre ami Maurice Isabey comme architecte.

Le Comité de lecture, pour la saison actuelle, est composé comme suit : Henri Pille, J.-L. Forain, Caran d'Ache, George Auriol, Louis Sabattier, Fernand Fau, Léopold Dauphin, Edmond Haraucourt, Maurice Donnay, Louis Morin, etc., etc. Léon Delarue a qualité de chef machiniste et Pierre Delcourt fait la lumière... électrique. MM. Guéneau de Mussy, Raoul Ponchon, Jean Stevens, Gandillot, Paul Arène, Coppée, Paul Robert, peintre et conteur merveilleux; A. Mortier, J. Huret, Chincholle, G. Grison, Sarcey, l'oncle éternel, et beaucoup d'autres seigneurs, d'égale qualité, familiers du logis, font partie, à titre de membres honoraires, du grand Conseil amical, auquel ils apportent quelquefois leurs lumières, toujours leur amitié la plus sûre.

Je n'en finirais pas, si je voulais citer ici toutes les anecdotes charmantes recueillies au Chat Noir, les réceptions fantastiques, les charges à fond de train qu'on ne peut évoquer sans être secoué par

un inextinguible rire. Je rappellerai seulement
qu'un soir, Narcisse Lebeau nous présentait
M. B....., aujourd'hui journaliste, qui désirait
alors être mis en rapport avec les célébrités littéraires. Les présentations furent aussitôt faites
avec le plus grand sérieux et Delarue devint, pour
la circonstance, Pierre Loti; Paul Robert, O. Mirbeau; moi, Mendès; Alphonse Allais, Sarcey.
B..... était ravi et se confondait en remerciements. Sa joie devint du délire, quand Allais-
Sarcey l'invita à déjeuner pour le lendemain en
son hôtel de la rue de Douai. « Faites bien atten-
tion, » dit-il à B....., « vous demanderez
M. Sarcey et l'on vous mettra en présence d'un
gros vieux, fort grincheux, fort désagréable. C'est
un vieux pion qui me sert de secrétaire et se
montre fort jaloux de tous ceux qui m'approchent.
De plus, c'est un maniaque. Tapez-lui carrément
sur le ventre, sans vous gêner, en riant, mettez-
lui dix sous dans la main et ajoutez: Ah! mon
vieux, il ne faut pas me la faire, je connais Sarcey, il m'a invité à déjeuner, il m'attend, annon-
cez-moi. »

B..... ne dut pas dormir cette nuit-là! Le lendemain, à l'heure indiquée, il se présentait rue de
Douai, se faisait annoncer, était mis en présence
du *vieux pion* et demandait à parler à M. Sarcey.

— Mais c'est moi-même, mon ami, répondit le
critique en le priant de s'asseoir.

B..... n'eut garde d'oublier les recommanda-
tions qui lui avaient été faites, il cligna de l'œil,
sourit finement, tapa carrément sur le ventre de
Sarcey et lui glissa dix sous dans la main, en pro-
nonçant exactement la phrase qu'il avait scrupu-
leusement retenue.

Sarcey se crut en présence d'un fou, il appela
son domestique, voulut faire jeter B..... dehors...
puis, on s'expliqua. F. Sarcey est un homme
d'esprit, il rit beaucoup, tout le premier, de cette
« exquise plaisanterie », en fit le sujet d'une de
ses plus jolies chroniques et, si je ne me trompe,
garda B..... à déjeuner et lui fut d'une certaine
utilité, par la suite, pour se caser dans un journal.

Je pourrais conter cent anecdotes semblables,
je m'arrête. Qui n'a connu également Cabaner, au
Chat Noir, et qui ne lui a entendu dire, avec un
accent impossible à rendre : « Je viens de perdre
« mon père... mon pauvre père, un imbécile genre
« Napoléon Iᵉʳ, mais beaucoup plus fort. » C'est
également Cabaner qui, en 1870, pendant le siège
de Paris, entendant tonner le canon, se demandait quel pouvait bien être ce bruit nouveau et qui
le faisait! Mais ce sont les Allemands, lui répon-
dit-on!

Ah! repartit Cabaner, les Allemands, ma foi, je pensais que ce pouvait bien être un autre peuple! Or il y avait trois mois que le bombardement durait et jusqu'alors il ne s'en était pas aperçu.

Et Gustave Salavy! qui, après avoir souffert toutes les privations, hérite et s'empresse de voyager en Italie, puis, se souvenant qu'une de ses plus grandes privations avait été le manque de chaussures, aux époques de dèche noire, embauchant tous les ouvriers cordonniers qu'il put trouver, les installant dans une maison dont il venait d'hériter et leur faisant fabriquer trois cents paires de chaussures de toutes pointures, qu'il offrit ensuite aux amis malheureux qui le venaient visiter ou solliciter.

C'est également Salavy qui s'est fait construire une maison de deux étages seulement et de vingt mètres de haut, et qui, après avoir fait sauter à la dynamite des quartiers de rocs, fit porter sur l'emplacement ainsi préparé, de la terre et des engrais, puis planta des vignes sur un espace d'environ 8,000 mètres et fit couvrir le tout d'un hangar en bois, recouvert de vitres. Et Salavy existe, et l'on peut se convaincre de la véracité de ce récit. D'ailleurs on n'invente pas de telles choses. Cabaner et Salavy, deux artistes, étaient des assidus au Chat Noir.

J'ai dit, plus haut, que Rollinat s'était jadis fait entendre au Chat Noir. De celui-là qui fut une des gloires du Chat Noir et dont la place est marquée en ce modeste volume, je dirai quelques mots, mais je ne saurai rendre comme il conviendrait l'amitié réelle, le respect absolu, dû à son talent, que lui portent tous ceux qui l'ont connu et qui, presque chaque jour, évoquent son souvenir et regrettent sa retraite à la campagne, qui les prive de sa société, de sa conversation toujours intéressante au plus haut degré.

Rollinat, fils d'un ancien représentant du peuple, est né à Châteauroux. Il fréquentait assidûment chez George Sand qui baptisa son fils.

Il vint à Paris, entra à la Préfecture de la Seine, et fut détaché au Bureau des décès à la Mairie de Saint-Sulpice. Il eut comme camarade G. Lorin qui fonda, avec Émile Goudeau, le journal *L'Hydropathe,* dont le titre fut, à cette époque, l'objet de tant de commentaires.

Rollinat avait acquis une grande notoriété en récitant ses poèmes dans des réunions de poètes. Un jour, Goudeau et lui décidèrent de former une société où chacun pourrait exprimer son œuvre; André Gill, Gervex, Robs, Cros et d'autres se joignirent à eux et les Hydropathes furent fondés.

Rollinat, avec sa voix vibrante, mais étrange,

s'accompagnant au piano, chantait avec un caractère, un sentiment si puissants qu'il désarmait
ceux qui, de parti pris, discutaient ce poète de si
grande valeur.

Baudelaire fut, pour Rollinat, l'objet d'un culte
ardent, et il semble vraiment avoir été l'inspira-
teur de son œuvre.

Rollinat, avec sa crinière noire ébouriffée, sa
voix saccadée qui vous prenait aux moelles, était
étonnant. Il ensorcelait littéralement le public le
plus sceptique, et tous ceux qui l'ont connu au
Chat Noir, notamment Rivière, Willette, Haraucourt, se rappelleront éternellement l'ineffaçable
impression que leur causait cet évocateur merveilleux. Et bien étrange était le contraste, quand,
après avoir charmé ses auditeurs, ayant à peine
plaqué sa dernière note, il tirait de sa houppe-
lande un mouchoir à carreaux, prenait une prise
et se mouchait bruyamment.

Ses œuvres ont été éditées chez Hartmann, mais
nul ne pourra jamais les interpréter devant ceux
qui l'ont connu, car nul ne pourrait rendre, même
à peu près, l'étrange impression qu'il donnait.

Rollinat a publié deux volumes : *La Nature* et
La Terre. Malgré le succès, il s'est réfugié, il y a
cinq ans environ, dans son pays natal, où il erre,
par toutes saisons, à travers cet étrange pays de

Gargilès, village obscur, escaladant avec ses rues tortueuses les bords rocheux de la Sedaigne, où l'on ne rencontre que chaumières semblant au premier abord inhabitables, et où, cependant, Chopin, puis George Sand venaient passer leurs vacances. Rollinat, dont l'œuvre est macabre, sauvage, étrange, maladive même, a fait aussi paraître un volume : *Les Névroses*, qui définit parfaitement la nature complexe du poète dont j'aurais eu tort de ne pas dire quelques mots, parce qu'il fut un des fondateurs et l'une des gloires du Chat Noir.

Et maintenant, pour terminer ce chapitre, hélas ! bien incomplet, je décrirai le logis du Chat Noir que la moindre visite ferait d'ailleurs bien mieux connaître que la meilleure et la plus complète des explications.

Au numéro 12 de la rue Victor-Massé, autrefois rue de Laval, une façade dessinée par Pille, illuminée le soir par les deux superbes lanternes de Grasset, au-dessus de laquelle se balance, en un croissant de lune, un chat noir qui semble prêt à sauter sur les passants.

Sur la façade, et tout en haut, encore un chat noir, énorme, triomphant au milieu d'un soleil resplendissant, qui semble darder ses rayons sur Paris, comme pour mieux affirmer Montmartre

Puis le perron et la Vénus de Houdon en sa su-

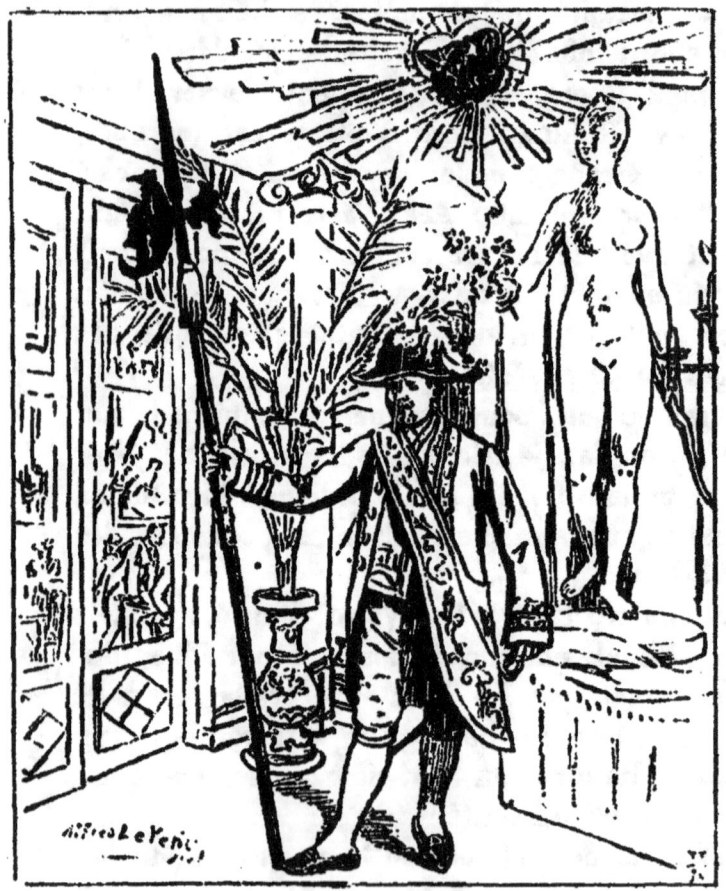

Chat Noir. — Le perron.

perbe nudité, se tenant au pied de l'escalier d'hon-

neur, le seul d'ailleurs de la maison, entourée de
plantes toujours vertes, et surveillée par le suisse
chamarré, armé d'une hallebarde dont il frappe
par trois fois le plancher pour annoncer le visi-
teur.

A gauche, la Salle des Gardes dont les murs
sont garnis, à moitié de leur hauteur, de superbes
panneaux d'armoires Louis XII à pans diaman-
tés, dont Salis a fait des stylobates et des frises.
Dans une large baie ouvrant sur la rue, l'admirable vitrail de Willette, *Te Deum laudamus*,
une de ses œuvres les plus puissantes, d'un art
suggestif, d'un coloris merveilleux. Au centre,
trône La Fortune, un immonde Veau d'Or, recouvert de pourpre, assis sur un coffre de fer, et re-
gardant sans voir, cependant qu'il s'appuie contre
la guillotine dont les deux bras, d'un *rouge san-
glant*, se dressent au-dessus de lui. Le peuple,
ayant aux mains des tronçons de chaînes, menace
avec ses instruments de travail; le ciel flamboie,
le sang coule; une mère étrangle son enfant, puis
une Vierge idéalement belle et qui souille du pied
ses lis dans la boue du chemin. La Poésie,
étreinte aux jambes par la hideuse misère que
symbolise un hideux cul-de-jatte, chante et dé-
clame encore et quand même! La Beauté, Héro-
diade moderne, offre ou vend son amour et pré-

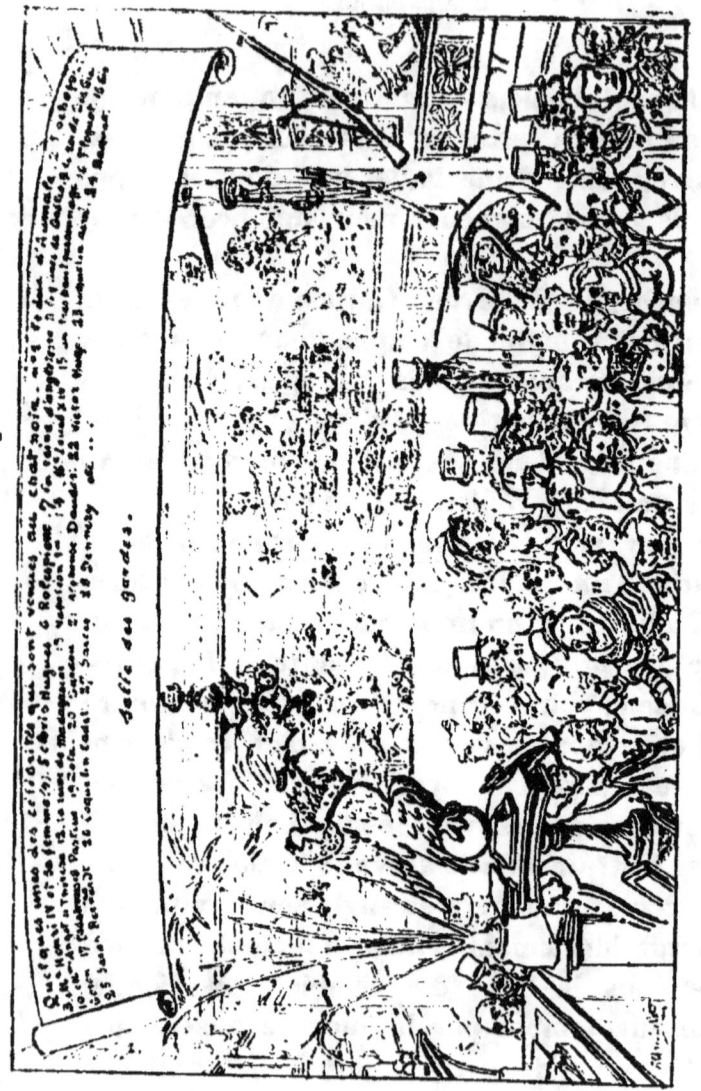

Chat Noir. — La Salle des Gardes.

sente sur un plat la tête blême de son ami Pierrot... puis enfin, au premier plan, la Mort, un bâton en sa main décharnée, bat la mesure, cependant que d'invisibles musiciens dont on aperçoit les instruments, mènent la danse et que le Veau d'Or continue bêtement à sangloter son gros rire métallique !

Dans cette même salle on remarque, dès l'entrée, une monumentale cheminée romane, dessinée par Grasset, portant à son sommet les armes de la maison de Salis : « *Saule sur champ d'azur servi par un chat armé en guerre.* »

Deux colonnes byzantines en soutiennent l'entablement, surmontées de deux chats hiératiques veillant sans cesse sur la fière devise : « *Mont-joye-Montmartre* » cependant que, grimpés sur des missels, deux autres chats s'ébattent et cherchent, vainement, à détourner les autres de leur mission.

Sur les murs, quatre panneaux signés Willette. *Le Moulin de la Galette; Le Cavalier de la Mort! (pour le roi de Prusse)*, splendide composition représentant la Mort, drapée d'un voile de crêpe, montée sur un maigre cheval dont les jambes sont teintes de sang, précédant les troupiers français que voilent des nuages et les plis du drapeau tricolore, tandis que resplendit devant

eux l'horizon d'un dernier beau soir. Puis Robes-
pierre, Marat et Danton auxquels on offre, sur un
plat, le chat de Charlotte Corday et enfin *La Chasse
à l'Amour*.

Plus loin, une grande toile de Steinlen représentant une montée de chats multicolores hurlant à la
lune.

Devant le dressoir, un superbe lutrin formé par
les ailes d'un aigle sculpté en plein chêne, puis des
armes, des masques japonais, le verre de Voltaire
(authentique) en cristal taillé; le crâne et le tibia
de Villon, que sais-je encore!

Au premier étage, la salle du Conseil, le bar du
Captain-Cap, le tout orné de boiseries superbes,
de peintures, de dessins, d'objets rares et curieux,
puis une superbe cheminée dessinée d'après Salis,
avec de très belles consoles moulées sur celles du
château d'Anet.

A signaler dans cette salle, la remarquable
Prieuse de Nuremberg.

Enfin, au second étage, la Salle des Fêtes, où se
trouve le *Parce Domine* de Willette, de superbes
affiches avant la lettre, de Chéret, et une collection unique de peintures et de dessins et aussi
une monumentale cheminée très curieuse à exa-
miner.

C'est dans cette salle qu'est installé le cé-

lèbre théâtre d'ombres également dessiné par
Grasset et construit par Maurice Isabey, l'ar-
chitecte de la maison, sur les plans de Henri
Rivière.

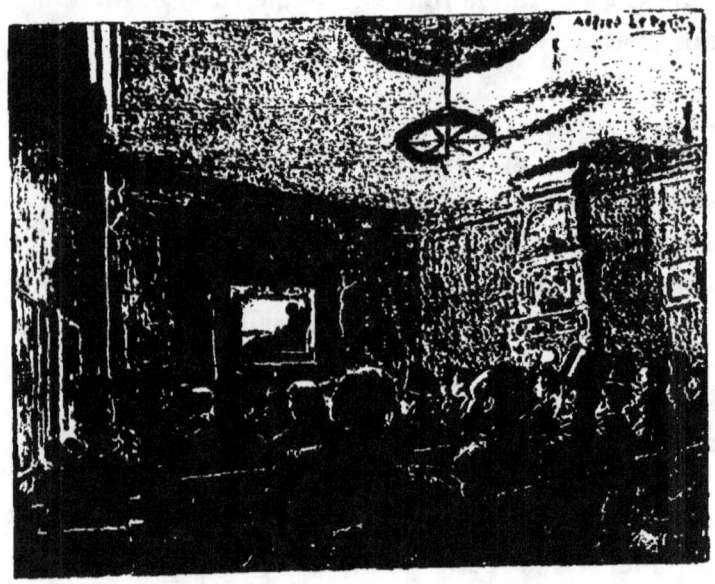

La salle du théâtre pendant les ombres.

La scène s'ouvre au centre d'un cadre étince-
lant de dorures, surmonté d'un chat ailé qui, debout sur la sphère terrestre, foudroie, d'un coup
de griffe, l'oie du bourgeoisisme revêtue de l'habit
palmé des Académiciens.

Au fronton, les masques en charge de Salis, de
Tinchant, de Willette, de Jouy, de Mac-Nab, de
Caran d'Ache, de Rivière, de Steinlen et de Henri
Somme, et flamboyant par dessus tout le « *Mont-
joye-Montmartre* ».

Deux loges se trouvent au-dessus l'une de
l'autre, dans le fond de la salle, et les person-
nages les plus en vue les ont tour à tour occu-
pées.

Du haut en bas de l'hôtel, partout, dans tous les
coins, sur tous les murs, sur les paliers et dans
les escaliers, des armes anciennes, des masques
japonais, des peintures et des dessins originaux,
signés : Gérôme, Falguière, A. Willette, J. Fo-
rain, Caran d'Ache, Steinlein, Robida, Henri
Rivière, Paul Robert, R. Gilbert, Louis Morin,
Henri Pille, John Lewis Brown, Rochegrosse,
Gandara, G. Auriol, F. Fau, Despaquit, Delaw,
Darbour, Somme, Doës, Saint-Maurice, Capy,
Uzès, Bombled, Tiret-Bognet, Vallet, Bac, Mery,
Grasset, Rœdel, Thévenot, De Sta, Galice, De
Feure, Redon, Henricus, Radiguet, Poirson, Ra-
faëlli, Th. Wagner, etc., etc.

Je m'arrête, un volume, je l'ai dit déjà, ne suffirait pas à conter le Chat Noir par le détail. J'ai
fait de mon mieux et, maintenant, de mon mieux
également je m'efforcerai de raconter nos cama-

rades les poètes et chansonniers, en oubliant beaucoup, je le sais, mais me promettant de m'en
excuser auprès d'eux et de ceux qui me liront, en
un prochain et second volume.

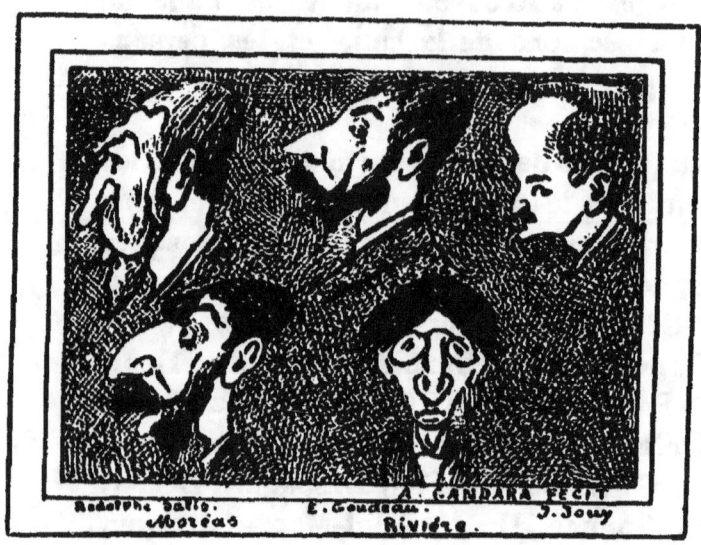

Collection du Chat Noir. — Tableau charge de A. Gandara.

GEORGES FRAGEROLLE

———

Georges Fragerolle est né à Paris, en 1855, et il a fait d'excellentes études littéraires au collège municipal Rollin. A dix-sept ans il était pourvu de ses diplômes de bachelier ès lettres et ès sciences, puis il se livrait à l'étude du droit, passait sa licence un peu après vingt ans, et se préparait à subir le doctorat. En réthorique, il avait obtenu, au Concours général, le deuxième prix de vers latins. Ses parents, qui dirigeaient la plus importante maison de tapisseries de Paris, « Le Mouton », où des merveilles ont été exécutées sous l'habile direction de sa mère, une véritable artiste qui a laissé l'*Album du Tricot*, le seul document, et un document considérable, sur cet art charmant, désiraient évidemment faire de leur fils un homme des plus *sérieux*, capable de leur succéder à la tête de leur importante maison.

Son père, notable commerçant, juge au Tribunal de Commerce, qu'il perdit de bonne heure, rêvait de faire de Fragerolle un jurisconsulte distingué. Mme Fragerolle mère, par respect pour la mémoire de son mari, obligea donc son fils à faire des études de droit très complètes.

Oui, mais voilà! Georges Fragerolle se sentait attiré, oh! mais très attiré vers la musique et la littérature. En 1872, au collège, il avait obtenu dans la division supérieure un prix de piano et un prix de musique vocale.

Ne voulant pas contrarier absolument ses goûts, et n'ayant d'ailleurs qu'à se louer des succès obtenus au collège, sa mère, après avoir obtenu sa promesse qu'il se ferait recevoir docteur en droit, l'accompagna, pour obtenir leur avis, chez deux éminents musiciens qui diagnostiquèrent comme il convient.

Le premier, M. Barbaux, professeur de chant au Conservatoire, déclara nettement qu'il ferait *peut-être* de bonne musique, mais qu'il ne chanterait jamais. Le second, M. Louis Lacombe, le compositeur, affirma, lui, que Georges Fragerolle chanterait fort bien, mais qu'il ne ferait jamais que de la mauvaise musique. Très édifiée et très excusable, étant donné ces deux avis si compétents, Mme Fragerolle fit tout au monde, et cela se conçoit, pour empêcher son fils de se donner à un art pour lequel on lui prédisait si peu de chance de réussite. Ceci se passait en 1881. Donc, Fragerolle, si mal encouragé, fut obligé de négliger ce qui l'attirait si fort, et ce n'est guère qu'en 1882, qu'à force de volonté, d'énergie, il se mit à travailler sérieusement la musique et à composer.

En 1878, il avait commencé à chanter, après avoir pris d'excellentes leçons de M. Arnoldi, le professeur de Faure.

De 1880 à 1882, il étudia avec Guiraud, l'auteur de *Piccolino* et travailla le chant jusqu'à quatre et cinq heures par jour.

Il se fit entendre, pour la première fois en public, à la Société des Hydropathes, où se réunissaient alors André Gill, E. Goudeau, Ed. Haraucourt, les deux frères Decori, Cross, Rameau, Mac-Nab, Jouy, Sapeck, Alphonse Allais, Frémines, Laurent Tailhade, Lorin, Champsaur, Moynet, Grenet-Dancourt, Paul Mounet, alors étudiant en médecine; Le Bargy, Le Moël et tant d'autres.

Les Hydropathes, on le sait, donnèrent aux poètes et chansonniers la première idée de se faire entendre dans leurs œuvres, surtout à la suite d'une très belle soirée donnée chez Pierre Petit; et, lorsqu'ils émigrèrent du Quartier Latin à Mont-

6.

martre, tous les membres de cette Société se groupèrent autour d'Émile Goudeau, à l'ancien Chat Noir, où ils continuèrent, entre eux, à interpréter les œuvres qu'ils produisaient.

A partir de ce moment, Fragerolle quitta sa famille, alla s'installer à Asnières et se donna tout entier à la musique et à la littérature, sentant bien que là était sa vocation véritable.

Il mit en musique, *La Glu*, de Richepin, que Thérésa créa, et il obtint d'emblée un très gros succès, puis le Chat Noir étant venu s'installer rue Victor-Massé, Fragerolle y créa de nouvelles compositions, très appréciées : *Les Bains à 4 sous* (Richepin); *Le Chat botté* (Gill); *Vous ressemblez à ma jeunesse* (Sully Prudhomme), etc., etc.

Enfin, lors des représentations de l'*Épopée*, de Caran d'Ache, il se fit, pour la première fois, entendre au théâtre du Chat Noir, où il recueillit des applaudissements nombreux et mérités. Dès lors, il devait marcher de succès en succès, et sa voix chaude, vibrante de baryton, tendre et berceuse dans les demi-teintes, sa science du chant, sa parfaite connaissance de la musique devait faire de lui un des chanteurs les plus exquis, les plus recherchés de notre époque.

Fragerolle est le premier qui, en 1880, au Casino des Arts, à Lyon, en présence de deux mille personnes environ, se soit accompagné au piano en chantant. Depuis, il est vrai, d'autres l'ont imité, mais lorsqu'il tenta ce genre nouveau il y avait quelque péril à oser sortir ainsi des coutumes admises. Il s'en tira à son honneur, et dès lors le public accepta fort bien, à la scène, le chanteur s'accompagnant au piano. Le bagage de Fragerolle est déjà considérable. En 1887 il fit paraître *Les Chansons de France*, en 1889, *La Marche à l'Étoile*, texte et musique, dont plus de mille représentations n'ont pas, il s'en faut, épuisé le succès. Au Cirque Funambulesque, il a fait représenter *Saint-Pierrot*; en 1891, aux Ombres lyriques du Lyon d'Or, *Le Rêve de Joël* avec dessins de Bombled. Georges Fragerolle avait été l'un des créateurs des soirées du Lyon d'Or, et surtout la principale cause du succès. *Le Rêve de Joël* était précédé d'une pantomime en ombres chinoises, d'Adolphe Willette, *Le Roman de la Rose*. Le délicat dessinateur avait souligné son œuvre d'un poème en prose, dont Fragerolle avait fait la musique, chantée dans la coulisse par une voix de soprano. Cette page, restée inédite, la voici, et je remercie Fragerolle de m'avoir fait l'amitié de m'autoriser à la publier ici, pour la plus grande joie des délicats :

LE ROMAN DE LA ROSE

(inédit)

Poème de
ADOLPHE WILLETTE

Musique de
GEORGES FRAGEROLLE

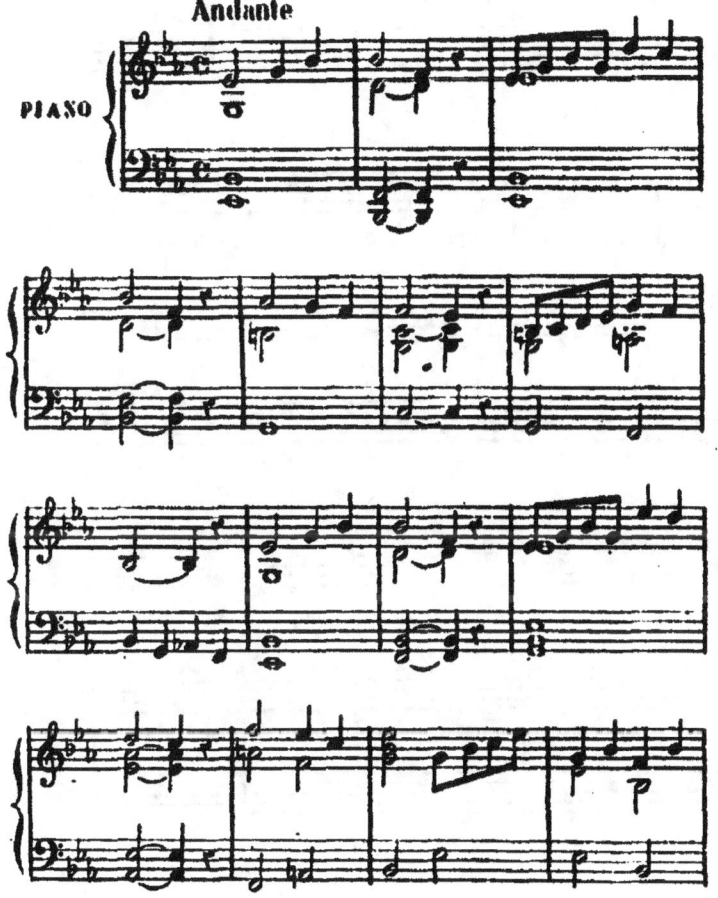

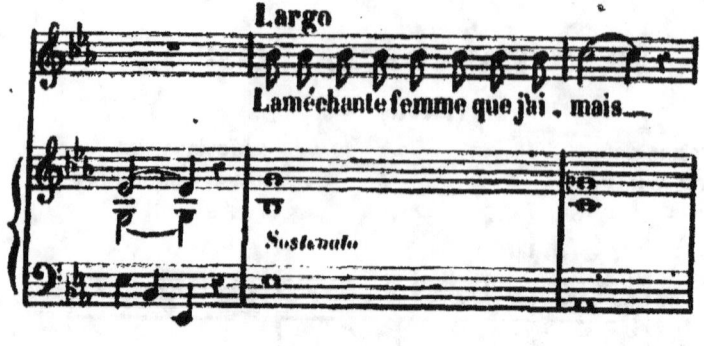

Largo

La méchante femme que j'ai . mais...

Sostenuto

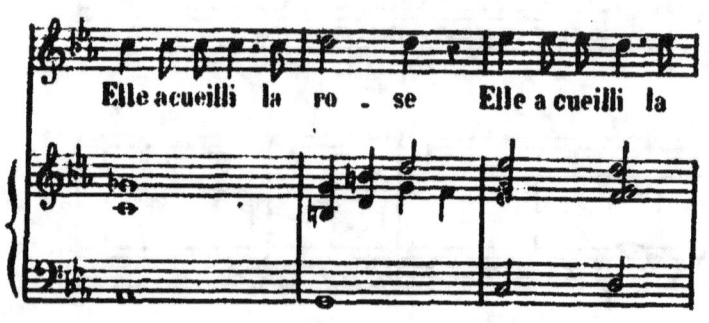

Elle a cueilli la ro . se   Elle a cueilli la

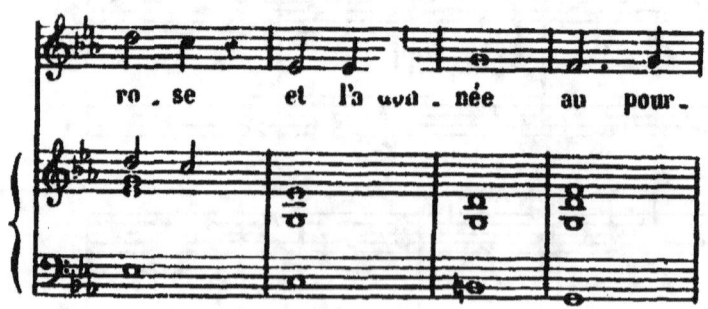

ro . se   et l'a don . née   au pour.

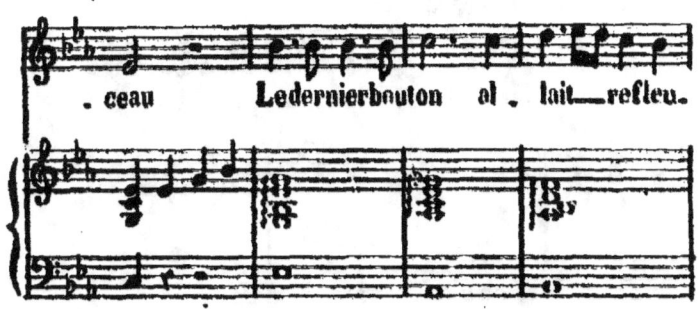

ceau   Le dernier bouton   al . lait__refleu.

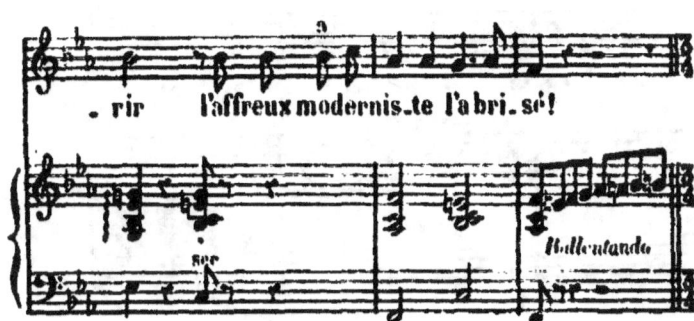

. rir   l'affreux modernis.te l'a bri.sé!

Très lent avec âme

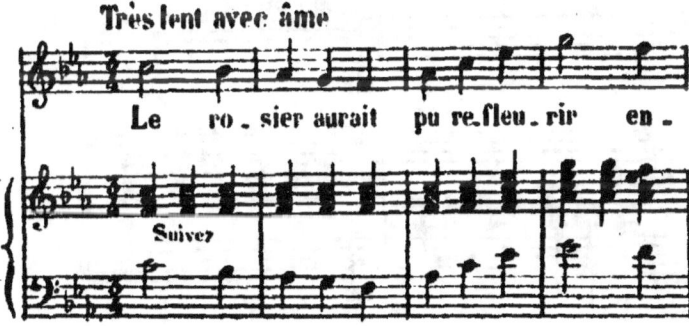

Le   ro . sier aurait   pu re.fleu . rir   en .

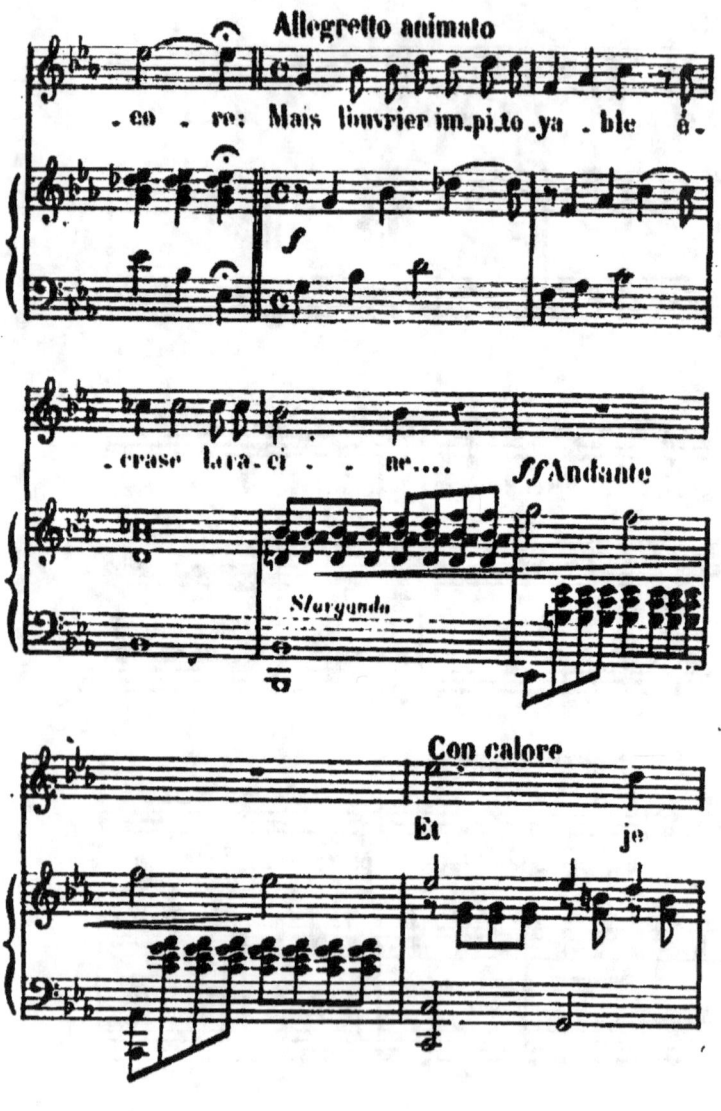

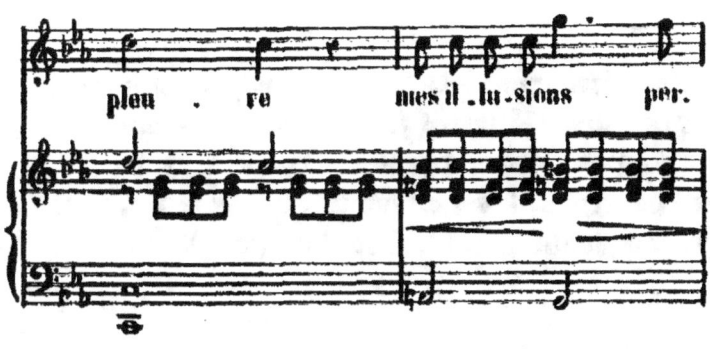

pleu . re   mes il . lu . sions   per .

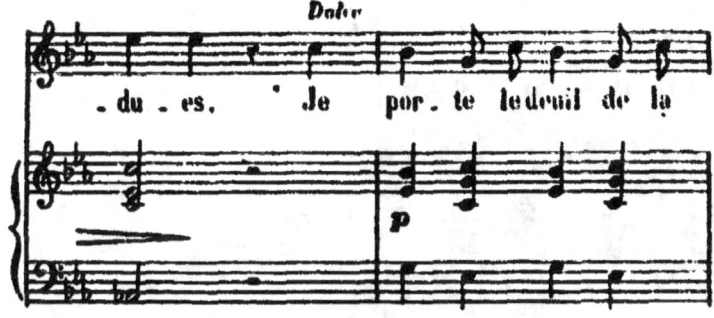

Dolce

. du . es.   Je   por . te   le deuil de la

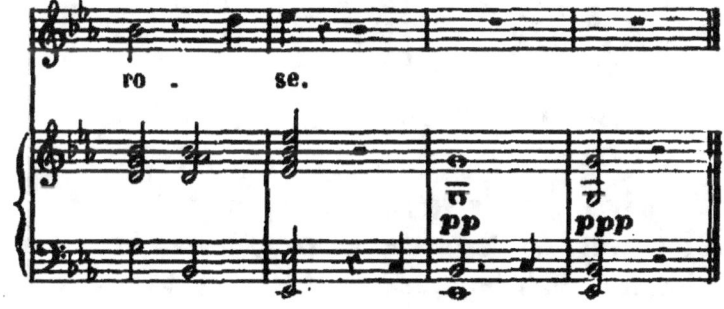

ro . se.

Voici, pour être complet, quel est l'argument :
« Au lever du rideau, Pierrot *fait le portrait* d'une
rose. Une femme passe, cueille le modèle et le
jette à un pourceau. Un gommeux survient qui,
d'un geste négligent, abat le bouton prêt à re-

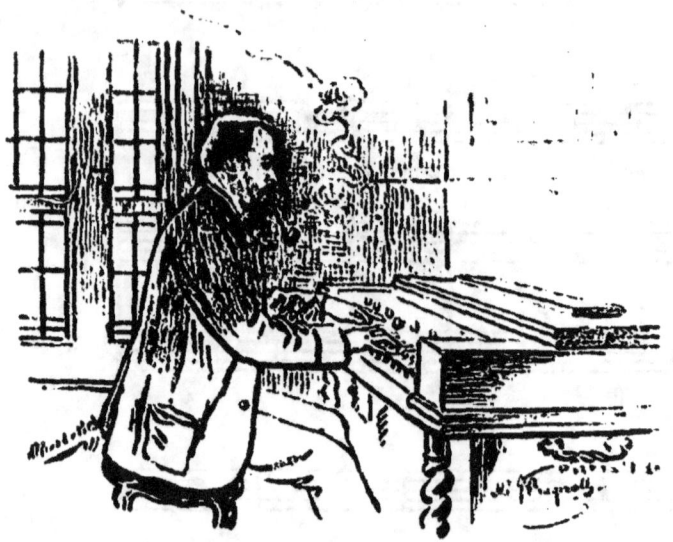

G. Fragerolle chez lui.

fleurir. Un paysan, sous la roue de sa brouette,
casse ce qui reste de l'arbuste. Pierrot, devant le
triple attentat de la frivolité, de la bêtise et de la
brutalité pleure. » La toile baisse. Mais il fallait
entendre, il fallait voir ce délicieux tout petit acte,

7

d'une philosophie intense, d'un charme exquis.
Le raconter, c'est presque l'abîmer.

Enfin, en 1894, avec les admirables ombres du
maître dessinateur et coloriste Henri Rivière, il
donnait au Chat Noir *L'Enfant Prodigue* dont le
succès s'affirme à chaque représentation, et qu'accompagne si merveilleusement Eugène Roïllet,
premier violon des concerts Colonne.

Cette année, Fragerolle a fait paraître *Chansons
des Soldats de France* avec texte et dessins de
Tiret-Bognet, et il interprète lui-même son œuvre
à la Bodinière, au cours des exquises conférences
de Georges Vanor, puis, toujours avec Vanor, au
théâtre Molière, à Bruxelles.

Est-il besoin de citer les titres de ses chansons :
*Sentinelles veillez; L'Hôtesse; La liberté des
champs*, etc., etc., puis celles dont il a fait le
texte et la musique : *La Parisienne à la grand'-
messe; Nous allions à Conflans*, etc. J'ajouterai
qu'il a publié *Les Oiseaux* dans l'*Illustration*,
Les Grands Capitaines au *Paris* et *Chansons
d'Enfants* au *Figaro Illustré*, qu'il a dans ses
cartons un opéra-comique, livret d'Armand Silvestre et Bertol-Graivil, destiné aux Bouffes-
Parisiens, qu'il nous tarde d'applaudir, et qu'enfin
il prépare un recueil illustré de chansons.

Fragerolle, pour composer, se sert de l'orgue

et du piano. L'orgue le met en train, et lorsqu'il a plaqué des accords à l'orgue, pendant quelques instants, l'inspiration lui vient mieux, il se sent dans une atmosphère plus propice et il se met alors au piano où il travaille avec grande facilité.

Fragerolle, en dehors des nombreuses soirées auxquelles il est prié et des conférences à la Bodinière, ne se fait guère entendre qu'au Chat Noir où il interprète chaque soir, de façon magistrale, son œuvre. Il vit le reste du temps chez lui, dans la délicieuse propriété qu'il s'est fait construire à Asnières, apprenant la musique à son jeune fils qui a de très grandes dispositions et qui pourrait bien quelque jour continuer l'œuvre de son père.

J'aurais tort de ne pas signaler en passant le *Sir de Poilfin*, un ravissant baudet, qui vous a une façon de chanter, pour la plus grande joie des visiteurs et le plus grand désespoir des voisins, et qui compose à lui seul les écuries du compositeur-chanteur, qui pourrait bien nous réserver une nouvelle surprise pour la saison prochaine.

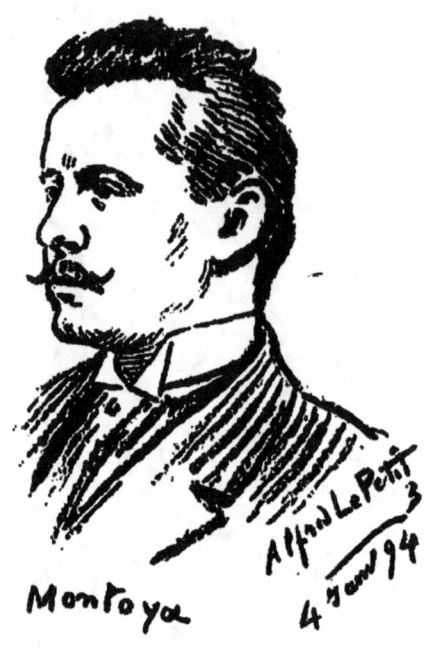

Montoya

Gabriel Montoya est un grand, beau garçon, d'un enthousiasme débordant, d'une grande franchise et d'une amitié sûre.

Doué d'un timbre de voix infiniment agréable, il chante ses compositions avec beaucoup de goût, et surtout avec une voix chaude, captivante et prenante ajouterai-je, pour mieux rendre ma pensée et pour me servir d'une expression que je retrouve dans un article de Jules Lemaître, relatif à Montoya, et dont je cite, textuellement, ces quelques lignes :

« La romance est immortelle, n'en doutez pas.
« Quand la voix délicate de Mlle Auguez nous dé-
« coupe en dentelles fragiles les douces mélodies
« surannées qui furent chères à nos aïeules, nous
« sourions, mais nous ne sommes pas très loin de
« nous attendrir. Comme Loïsa Puget, M. Mon-
« toya ne met guère dans ses chansons que des
« fleurs, des parfums, des brises, du bleu, des sou-
« pirs et des baisers. »

Ceci n'est pas tout à fait exact, il y met aussi autre chose, mais continuons la citation !

« Mais ses fleurs sont entêtantes, et ses baisers
« sont ardents et même ils mordent. M. Montoya,
« venu de Perpignan est, autant dire, un Espagnol.
« Il a la voix chaude, *prenante*, la diction passion-
« née, une sorte de langueur qui se pâme, secouée
« çà et là de sursauts.
« Il a, dans sa façon de moduler, quelque chose
« du *tour de reins* d'outre-monts. »

(Les Débats.)

Montoya est né à Alais (Gard) et a fait ses études à Perpignan où il a préparé ses deux bac- calauréats. Sa famille le destinant à la médecine, il commença ses études médicales à la Faculté de Lyon mais ne tarda pas à suivre son penchant

poétique et publia, en collaboration avec Maurice
Boukay, un volume de chansons : *Le Bréviaire de
l'escholier lyonnais*, puis deux revues qui furent
jouées au Casino de Lyon. Au bout de quatre années, il vint à Paris et s'installa au Quartier Latin,
où l'Association des Étudiants, alors en froid avec
Xanrof, l'adopta comme chansonnier.

Montoya eut alors l'idée d'obtenir la consécra-
tion du *Chat Noir*, il s'y présenta et de suite y
prit une bonne place.

Cependant, il terminait ses études et prenait régulièrement ses inscriptions, lorsqu'il tomba si
gravement malade que le bruit de sa mort, enre-
gistrée par *Le Temps*, courut sans être démenti.
Il rejoignit sa famille, se rétablit par miracle, et
sitôt guéri se fit recevoir médecin à la Faculté de
Montpellier, en soutenant cette thèse : *Des Anti-
toxines et principalement de l'antitoxine téta-
nique*.

Or, en tête de sa thèse imprimée et dédiée à son
excellent ami Jean Coquelin, je trouve ce sonnet
inaugural, et je ne puis résister au désir de le citer :

La Science m'a dit : Jeune homme au front rebelle,
Viens à moi, tu sauras le prix des longs travaux ;
Je garde à mes fervents une source éternelle,
Où s'abreuvent les forts, de vins toujours nouveaux.

Et la Muse m'a dit : Vois comme je suis belle ;
Par moi tu connaîtras la Gloire et les Bravos,
Et le nimbe azuré qui me fait immortelle,
Je te le donne à toi, seul entre tes rivaux.

Et j'ai tendu les bras à mes deux enjôleuses,
Car l'une et l'autre avaient pour moi même douceur,
Et souvent l'une et l'autre avec des airs de sœurs,

M'avaient enveloppé de caresses frôleuses ;
Et j'ai dit : Je vous veux toutes les deux heureuses...
Mais la Science austère a répondu : Farceur !

Que dites-vous de ce sonnet en tête d'une thèse
en médecine ? D'ailleurs, dans son avant-propos,
Montoya, qui adresse ses remerciements à ses
maîtres, termine par ces lignes suggestives :

« Enfin, que tous les Professeurs de la Faculté
« de Médecine de Montpellier, pour la courtoisie
« de leurs relations et la bienveillance dont ils ont
« toujours fait preuve à notre égard, veuillent
« bien accepter l'hommage sympathique d'un lit-
« térateur dont la médecine a charmé tant de fois
« les loisirs. »

J'ignore ce qu'en ont pensé Messieurs de la Faculté, dont beaucoup ont assurément charmé leurs
loisirs, grâce à la Poésie.

Reçu médecin, Montoya, pris du désir de voyager : « *Quiconque a beaucoup vu.....* » etc., se fit recevoir médecin d'une Compagnie maritime et s'embarqua sur le premier paquebot en partance. A peine en route, il découvrit un succédané à l'antipyrine, pour la guérison du mal de mer, *les rythmes énamourés* de ses chansons, dont il donna la primeur aux passagères.

Dans ces conditions, il visita les côtes de l'Algérie, de la Tunisie ; fit un saut à La Havane, à Vera-Cruz, à Haïti, à Porto-Rico, Saint-Domingue, etc., et, repris de nostralgie rentra à Paris, reparut au Chat Noir et constata avec joie que *Le Machabée* n'était pas complètement oublié.

Tout de suite, Montoya retrouva son succès et fut très demandé dans les salons. Avec l'illustre compagnie du Chat Noir, il se fit applaudir à côté de ses camarades, en Belgique, en Auvergne, etc.. grâce à ses chansons, dont je cite les principales : *Le Machabée ; Mimi —* trois fois interdite par la Censure et finalement acceptée sous ce titre : *Cantique d'amour ;* Oh ! ma tête !!! — *La Morgue ; La Mort du propre à rien ; Les Veuves du Luxembourg ; Tes pieds ; Renouveau d'amour ; Tes Yeux ; Nuit tombante ; La Berceuse bleue ; Le Lion de Versailles ; Le Vieux modèle,* etc., etc., beaucoup d'et cœtera.

7.

Gabriel Montoya a publié, il y a trois ans environ, un recueil, *Sur le Boul'Mich !*

Il prépare un volume, *Chansons naïves et perverses*, et avec Ch. de Sivry pour la musique, un album de douze mélodies ayant pour titre ce vers de Verlaine :

« *De la musique avant toutes choses* »

Il fera paraître également en librairie, deux autres volumes presque terminés, *Chansons grises* et *Fièvres galantes*, etc., etc.

Je ne jurerai pas que Montoya, repris un jour de l'amour des voyages, ne reparte pas de nouveau, en qualité de médecin, visiter les deux Amériques, charmant ainsi les courts loisirs que lui procurent la Poésie et l'interprétation de ses propres œuvres, par l'exercice de la Médecine, que d'ailleurs il n'a jamais complètement délaissée.

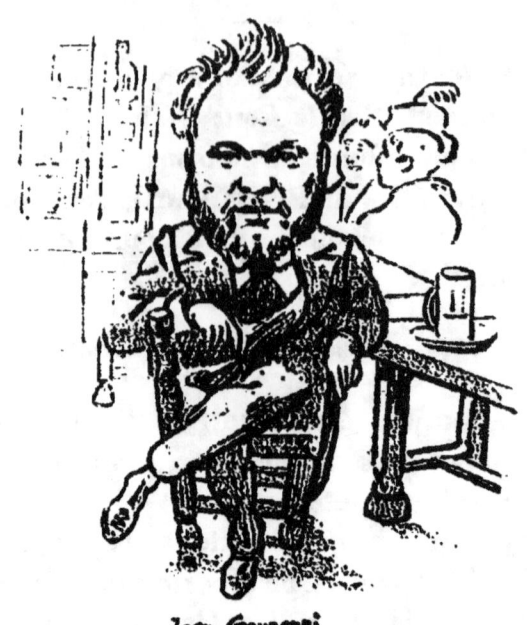

Jean Goudezki

Jean Goudezki (Vive la Pologne, Mossieu!!!) est
né à Louvignies-Bavay (Nord), le 20 décembre 1866,
ainsi qu'en témoignent les registres de l'état civil.

Blond, d'un blond d'épi mûr, les cheveux et la
barbe encadrant la tête comme d'une auréole; les
yeux bleus, d'un bleu profond, d'une expression
étrange, curieuse, des yeux qui fouillent et se dé-
robent en leur profondeur, Goudezki est, selon
l'expression d'un critique du journal *Le Soleil*, un

« poète au masque étrange, mélange de Baudelaire
et de Banville ».

Jean Goudezki fit ses études à Valenciennes et
vint à Paris pour faire son droit et se consacrer à
la défense de la veuve et de l'assassin!

Dès le collège, il dirigeait un petit journal, *Le
Lampion*, journal déjà socialiste, et taquinait la
Muse. De cette époque date un drame en vers,
en cinq actes, à la répétition générale duquel un
jour peut-être il nous convoquera.

Goudezki ne fit que passer au Quartier Latin,
puis il vint habiter Montmartre, la butte sacrée
« la mamelle granitique et formidable, le cerveau
du monde », selon Salis, et se fit entendre au
théâtre du Chat Noir en ses poésies satiriques
qui, d'emblée, lui valurent un gros succès.

Adieu la veuve et l'assassin! il avait trouvé sa
voie.

Il fit, avec le Chat Noir, un superbe voyage en
Algérie, puis en Tunisie, et en a rapporté des impressions qu'il a mises en vers, à l'audition desquelles je défie les plus moroses.

Goudezki veut se lancer dans le journalisme
militant, il dirigera, sous peu, un pamphlet dans
lequel il s'arrogera le droit de juger les hommes
et les choses d'aujourd'hui avec sa fine ironie, sa
science exacte des à peu-près, sa satire mordante,

parfois cruelle, mais toujours juste, et (qualité rare) ne versant jamais dans le commun, dans le banal.

Il a composé un sonnet olorime, fort joliment illustré par Delaw, et qui fait aujourd'hui partie de la très curieuse collection du Chat Noir.

Jules Lemaître, parlant de ce sonnet, dit que « c'est le seul qui existe dans la langue française et probablement dans toutes les langues ». Au surplus, le voici :

SONNET OLORIME

A Alphonse Allais.

(Invitation à venir à la campagne prendre
Le frais, une nourriture saine et abondante,
Des sujets de chroniques et des *bitures*).

Je t'attends samedi, car, Alphonse All. is, car
A l'ombre, à Vaux, l'on gèle. Arrive. Oh ! la campagne !
Allons — bravo ! — longer la rive au lac, en pagne ;
Jette à temps, ça me dit, carafons à l'écart.

Laisse aussi sombrer tes déboires, et dépêche !
L'attrait : (puis, sens !) une omelette au lard nous rit,

Lait, saucisse, ombres, thé, des poires et des pêches,
Là, très puissant, un homme l'est tôt. L'art nourrit.

Et, le verre à la main, — t'es-tu décidé? Roule —
Elle verra, là mainte étude s'y déroule,
Ta muse étudiera les bêtes ou les gens!   [gne)...
Comme aux Dieux devisant. Hébé (c'est ma compa-
Commode, yeux de vice hantés, baissés, m'accompa-
                                            [gne...
Amusé, tu diras : « L'Hébé te soule, hé! Jean! »

        Août 1892.

N'est-ce pas que ce sonnet était à citer en entier? Cela ne se raconte pas, ne s'analyse pas;
Jules Lemaître l'a bien dit, c'est le seul. Goudezki,
à côté de choses sérieuses, très sérieuses même,
se livre, on le voit, à des œuvres funambulesques,
abracadabrantes. Et il faut les lui entendre dire, il
pousse l'ironie jusque dans le sourire et l'intona-
tion.

Et quand il termine une pièce de vers : « Vous
avez l'air de n'avoir pas compris », dit-il au public
qui l'écoute « ça se peut bien... Je vais vous en
dire une autre, également de moi... beaucoup plus
drôle... » Et l'on applaudit, et l'on rit, et l'on en
demande *une autre*, et encore *une autre*.

Le plus curieux, c'est que sous des apparences très crânes, ayant l'air de posséder un énorme toupet, Goudezki est un timide, un très timide, et sa façon un peu vive parfois d'interpeller le public, sa riposte mordante et brusque, ne sont précisément que le résultat de l'émotion qu'il éprouve, chaque fois qu'il lui faut dire ses œuvres.

Explique qui pourra! C'est ainsi. Me faut-il, pour être complet, exact, ajouter qu'il manie fort agréablement le crayon et que nul ne réussit aussi vite et aussi bien une charge, un portrait! Goudezki a publié un volume, *Les Montmartroises*, puis un volume de chansons et de poésies dans la note gauloise; puis, dans la note sentimentale, *Les Vieilles Histoires*, et il prépare, pour faire paraître prochainement, *Les Chansons de Lisières*, dont il a donné la primeur aux spectateurs du Chat Noir.

A noter, parmi ses chansons les plus applaudies : 1º Dans les Vieilles Histoires : *Ta Bouche; Pour Toi; Ultime Ballade; Comme la Mouche; Ballade du pauvre Imbécile; A côté du Bonheur; Ex-Voto;* et *N'en parlons plus;*

2º Dans les Montmartroises : *Le Ballottage; Complainte d'un Bœuf gras; Dans les Vignes; Affaire d'Honneur; Sur l'Impériale; Les Caniches; Vieille Fille; Les vieux Prix de Rome; Les Poètes* sur *l'Herbe*; *La Question Juive*; *La Mine aux Meneurs*; *La Dynamite*;

3° Dans les Chansons de Lisières : *Je dis des Vers*; *La Soumission de Behanzin*; *Afrique*; *Impressions de Dimanche*; etc., etc., etc.; il faut surtout les lui entendre dire.

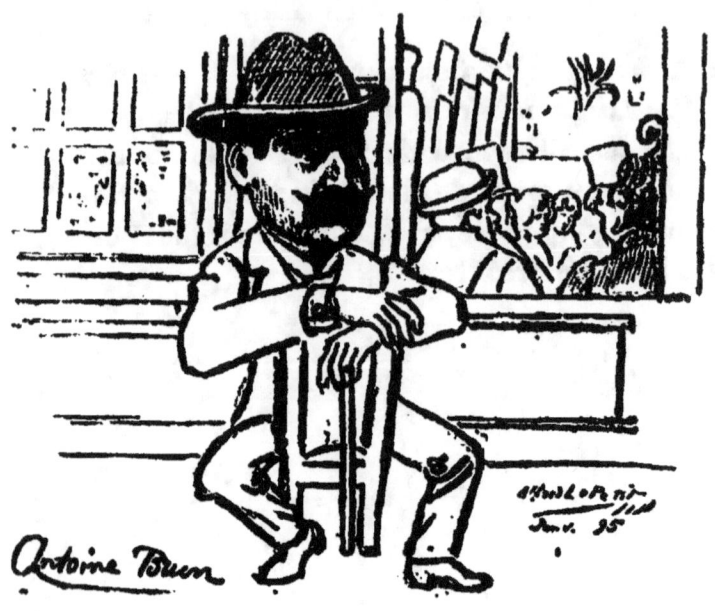

Brun est né à Bordeaux en 1865. Très grand, bien taillé, très brun, des yeux noirs, noirs, noirs, et le teint mat; d'un enthousiasme débordant, d'une conviction qui s'échauffe en s'exprimant, Brun voit la vie en rose et ne tarit pas d'éloges à l'égard de ses camarades, dont il chante les louanges à tout propos. Ressemble tout à la fois à Cassagnac et à cet excellent Henri Sellier, au peintre Paul Robert et à l'acteur Romain.

Brun se destinait au commerce; ses affaires

l'obligèrent, en 1888, à visiter l'Amérique. Il s'embarqua à bord du paquebot sur lequel voyageait l'empereur Dom Pedro, qui était venu à Paris se faire soigner par le professeur Charcot. Pour charmer les loisirs de la traversée, on organisa à bord des concerts, au cours desquels Brun interpréta des romances, des chansons dont il était l'auteur, paroles et musique, avec sa belle et chaude voix de baryton.

Dom Pedro, charmé, le remercia des moments agréables qu'il lui avait fait passer, et, arrivé à Rio-Janeiro, lui conféra l'ordre de *La Rose du Brésil;* un peu plus tard, il recevait *Le Christ de Portugal.*

A Buénos-Ayres, Brun fréquenta beaucoup de salons, s'y fit applaudir et prêta largement son concours dès qu'il s'agissait d'une bonne œuvre. La Révolution argentine l'obligea à rentrer en Europe. A bord du paquebot *Le North-America* qui le rapatriait, Antoine Brun organisa une fort belle soirée musicale, dont il versa tout le bénéfice à la Société des Naufragés.

Il se reposa de son voyage quelque temps à Bordeaux, puis vint à Paris. Un jour, un après-midi, Brun et quelques amis vinrent au Chat Noir, et profitant de ce qu'ils étaient seuls, ses amis le prièrent de se mettre au piano et de chanter.

Rodolphe Salis, Henri Rivière et Chassaigne, qui l'entendirent sans qu'il les vît, n'eurent garde de le laisser partir sans l'avoir au préalable invité à se faire entendre un soir au théâtre. Il y fut très goûté du public et dès lors Salis se l'attacha.

A citer, parmi ses chansons les plus applaudies : *Fou; Amor; Nos Démons; Ma Promise; Prière d'Amour; Je Passe*, etc., etc.

Servi par une voix chaude et pénétrante, tout à fait captivante dans les demi-teintes, Brun dit fort bien, ce qui ne gâte rien, et chante encore mieux, ce qui n'est pas à dédaigner.

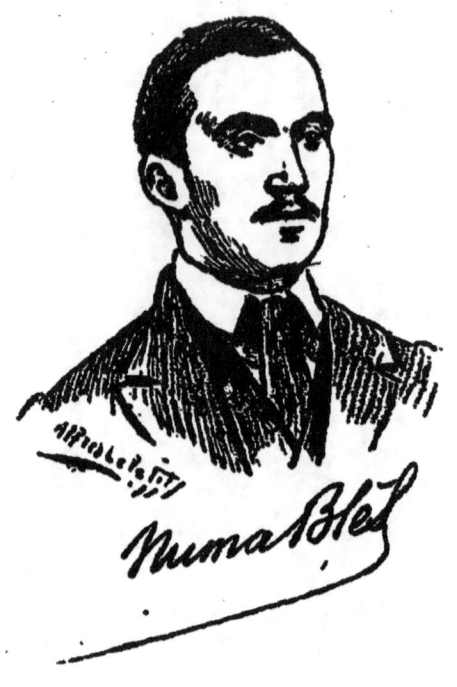

Numa Blès est né à Marseille le 23 octobre 1871. Il fit à Marseille et à Lyon de fort bonnes études et subit ses examens à la Faculté des Lettres d'Aix. Blès se destinait au professorat, mais la poésie l'attirait, et quelques chansons très goûtées de ses camarades, le firent abandonner la carrière qu'il comptait embrasser.

Après avoir fait une année de service militaire, dans l'artillerie, il rentra à Marseille, et, de 1893 à

1894, se fit applaudir au cabaret de la Lune-Rousse. Il vint ensuite se fixer à Paris où il fréquenta quelques cabarets artistiques, et en dernier lieu celui des Éléphants, où chaque soir il faisait applaudir ses chansons d'actualité, ses chansons satiriques, parodies, poésies et monologues humoristiques et notamment : *Nos femmes; Les cadeaux présidentiels ; Conseils à Max Lebaudy; Les statues des grands hommes ; Les adjoints et les maires; La contravention; Les bains de mer; Ce que je sais !* etc., etc.

Numa Blès a publié une plaquette de vers *Rimes nerveuses*, deux séries de chansons, en collaboration avec Désiré Dihau, pour la musique. Il a publié également un assez grand nombre de chansons destinées au concert, et mises en musique par Gustave Goublier, Henri Waïss, Dihau, etc.

Enfin, il éditera très prochainement *Les Chansons mystiques* et *Les Chansons des mal écloses* et, toujours avec la musique de Désiré Dihau, *Les Chansons des humbles*.

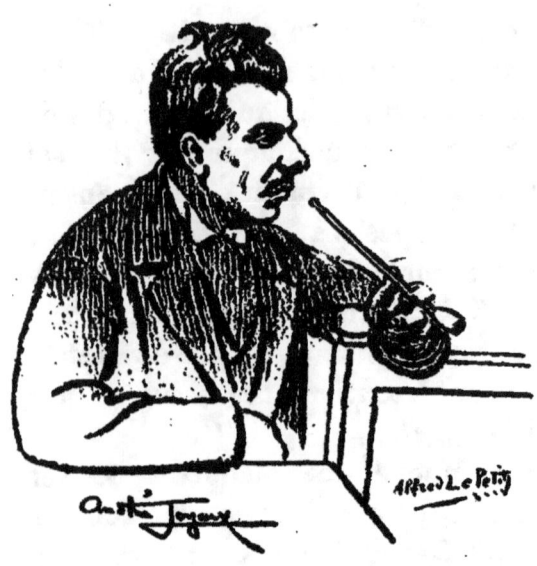

Andhré Joyeux, très brun, des yeux noirs très expressifs, un léger embonpoint, très accueillant, ne comptant que des amis, est né à Paris, pendant l'année terrible, le 17 mars 1870.

Fils d'ingénieur, destiné à devenir ingénieur lui-même, Joyeux a fait ses études à Meaux, et, dès cette époque, négligeait la science pour la poésie. Il tournait fort bien le vers latin. Ses études terminées, il entra, en qualité de secrétaire d'un chef de service, dans une grande Compagnie de Chemins de fer, et profita des loisirs que lui créait cette quasi-sinécure, pour composer des chansons.

Présenté au Chat Noir, en 1888, par notre regretté camarade Adrien Désamy, il y obtint un
gros succès avec ses chansons satiriques et politiques. En 1891, appelé sous les drapeaux, il fut
très recherché par les officiers, aux soirées desquels il interprétait ses chansons.

Son service terminé, il revint à Paris, rentra
au Chat Noir, et considère que là se borne actuellement toute son histoire.

Parmi ses chansons les plus remarquées, il faut
noter : *Pompier nocturne; Les hommes à coulisses; Les millions de la duchesse! La barbe à
Ferry; Le don de M. Rothschild; Les Odalisques;
Le vieux hiboux; Les députés heureux; Après la
fête; La tuberculose; La discussion du budget; La
question tauromachique; Les affaires de chantage;
toute d'actualité; Les conseillers; Rupture; Tristes
pensées*, etc., etc.

N.-B. — Très réfractaire à l'interview, ne s'ima-
gine pas qu'on puisse encore ou mieux, déjà, parler
de lui.

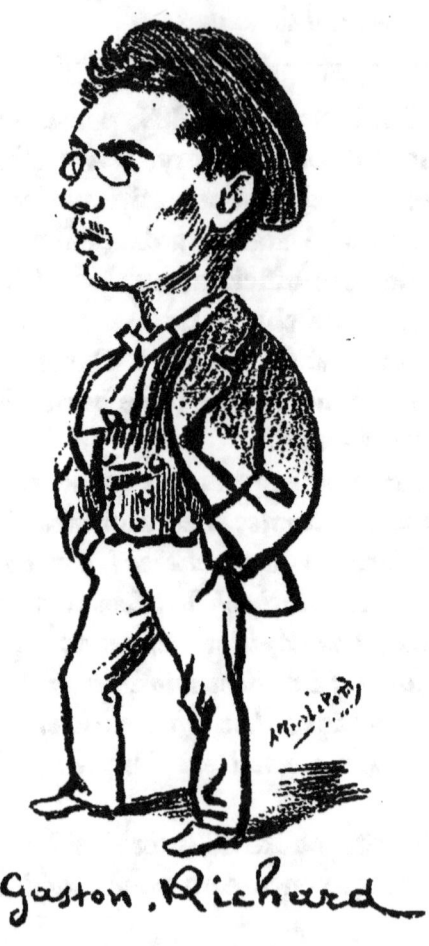

Gaston . Richard

Né à Paris, la Ville Lumière, le 4 novembre 1875,
donc, un jeune. Déserta le commerce, se brouilla
avec la *demi-aune*, et se jeta dans la littérature,
après avoir très consciencieusement lu et relu
les poèmes d'Ossian.

8

Fit tout d'abord et mal, il le prétend du moins, la prose rythmée, et se donna finalement à la poésie vraie où il réussit bien.

En raison de son physique, le gentilhomme-cabaretier, Rodolphe Salis, ne manque jamais de l'annoncer comme « poète japonais par ses origines ».

Très timide, un peu triste, jamais satisfait de ce qu'il écrit, ne croyant nullement à l'avenir que ses aînés lui prédisent. N'a qu'un rêve, une ambition : « avoir, à soixante ans, 1800 francs de rente, un chien, un pipe grosse, très grosse, et une cabane à la campagne ». Ne sera peut-être pas toujours aussi modeste, et somme toute, se moque peut-être agréablement des uns et des autres en expliquant son rêve d'une voix douce et triste.

Qui sait ?

Signe distinctif : A horreur de faire des démarches, de solliciter, de discuter, et pour ce, n'a rien fait éditer jusqu'à ce jour.

Richard attend qu'on vienne à lui, c'est généralement un bien mauvais système, ce peut être aussi très habile. A plus tard, mon cher Japonais!

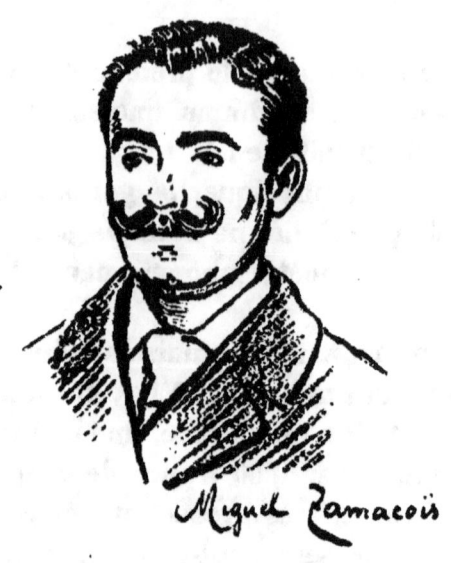

Miguel Zamacoïs

Miguel Zamacoïs est né à Louveciennes, en l'an de grâce 1866, d'une mère française et d'un père espagnol, peintre de très grand talent, auteur de *L'Éducation d'un prince*, mort en 1871.

Zamacoïs devait donc, c'était le grand désir des siens, suivre à son tour la carrière paternelle. Après s'être fait recevoir bachelier ès lettres, il se donna complètement à la peinture, fréquenta l'atelier de Gérôme, dont il est élève et, pendant deux années, exposa, non sans succès, au Salon des Champs-Élysées. Entre temps, il faisait un peu d'illustration dans quelques journaux et cédait peu

à peu à son penchant pour la littérature. Il profi-
tait de son passage dans un journal cycliste humoristique, pour publier un petit livre ultra fantaisiste *Le Vélocipède à travers les âges*, et, pour
faire jouer à une fête cycliste, *L'impromptu de la
Porte-Maillot*. Zamacoïs qui, pour se distraire,
faisait des vers, vint un jour au Chat Noir, où il
se fit entendre, fut applaudi et continua à venir
interpréter ses fantaisies en vers et notamment :
*La lavande philosophe ; Le triste chameau ; Le
nègre vexé ; La carte d'Europe ; Chez le dentiste ;*
(impressions aiguës); *Dans la fumée*, etc., etc.

J'ajouterai que Zamacoïs a fait jouer une revue
applaudie, dans un concert parisien, et, enfin,
pour terminer, qu'il est devenu Français en tirant
au sort.

LE CHIEN NOIR

LE CHIEN NOIR

———

Raconter le Chien Noir est bien difficile. Il n'a pas encore eu le temps de se créer une histoire, il est si jeune! Mais, j'aurai tout dit sur son compte, en indiquant que, faubourg Saint-Honoré, dans un suberbe salon dépendant du Nouveau-Cirque, se font entendre chaque soir les poètes-chansonniers Jules Jouy, Jacques Ferny, Victor Meusy, Paul Delmet, Armand Masson, Marcel Lefèvre, Vincent Hyspa, Botrel, et j'estime que la meilleure manière de célébrer le Chien Noir est de présenter individuellement au lecteur ceux qui en font le succès, et en feront, en ont déjà fait un salon des plus fréquentés.

———

JULES JOUY

Jules Jouy, le maître chansonnier, dont le nom restera, s'est fait tout seul, avec un courage, une volonté, une persévérance que rien ne devait abattre. Ses origines furent des plus humbles et il eut à souffrir longtemps, à lutter plus longtemps encore. Peu d'hommes eurent, dans la vie, des débuts plus pénibles, et il y aurait matière à tout un roman, si l'on voulait narrer par le détail les débuts du chansonnier que ni la faim, ni les privations de toutes sortes ne devaient détourner de la voie qu'il s'était tracée.

Jules Jouy est né à Paris au mois d'avril 1855. Il a débuté au Tintamarre, au vrai, à l'ancien, avec Briolet, Eugène Simon, Touchatout, etc., etc. Dès cette époque il faisait partie de la *Ligue Chansonnière* et était un amoureux fou du Caveau. Tout d'abord il fit *Le Rire Gaulois*, puis il se lança dans la chanson de café-concert, et pendant quatre ou cinq années de suite, il remporta le succès populaire de l'année avec *Derrière l'omnibus; Mademoiselle, écoutez-moi donc; La Digue, digue, don; C'est ta poire,* et il n'est pas sans intérêt de faire remarquer, au sujet de cette dernière chanson, que les boulangistes se servirent précisément de l'œuvre de celui qui devait être le chansonnier antiboulangiste par excellence.

Dans une note d'art, plus relevée, Jouy, à cette époque, fit paraître *La Terre; Les Enfants et les Mères,* deux des gros succès de Thérésa. Comme chansonnier politique d'une verve intarissable, il inaugura, au *Cri du Peuple,* la chanson quotidienne, délaissée depuis près de cinquante ans et à laquelle tant d'autres se sont essayés depuis.

Jouy fut mordant, cruel même quelquefois, mais il voyait juste souvent et l'un des premiers il avait bien prévu le *lâchage* de tous les fidèles du malheureux général Boulanger, abandonné de tous, ou mieux de presque tous.

Jules Jouy faisait partie des Hydropathes, avec Émile Goudeau, Grenet-Dancourt, Galipeaux, Mac-Nab, Alphonse Allais, Harry Allis, si malheureusement tué en duel, tout récemment; Leloir, de la Comédie-Française; Jean Moreas, Brémont, Le Bargy, Charles Cros, Edmond Haraucourt, Rol-

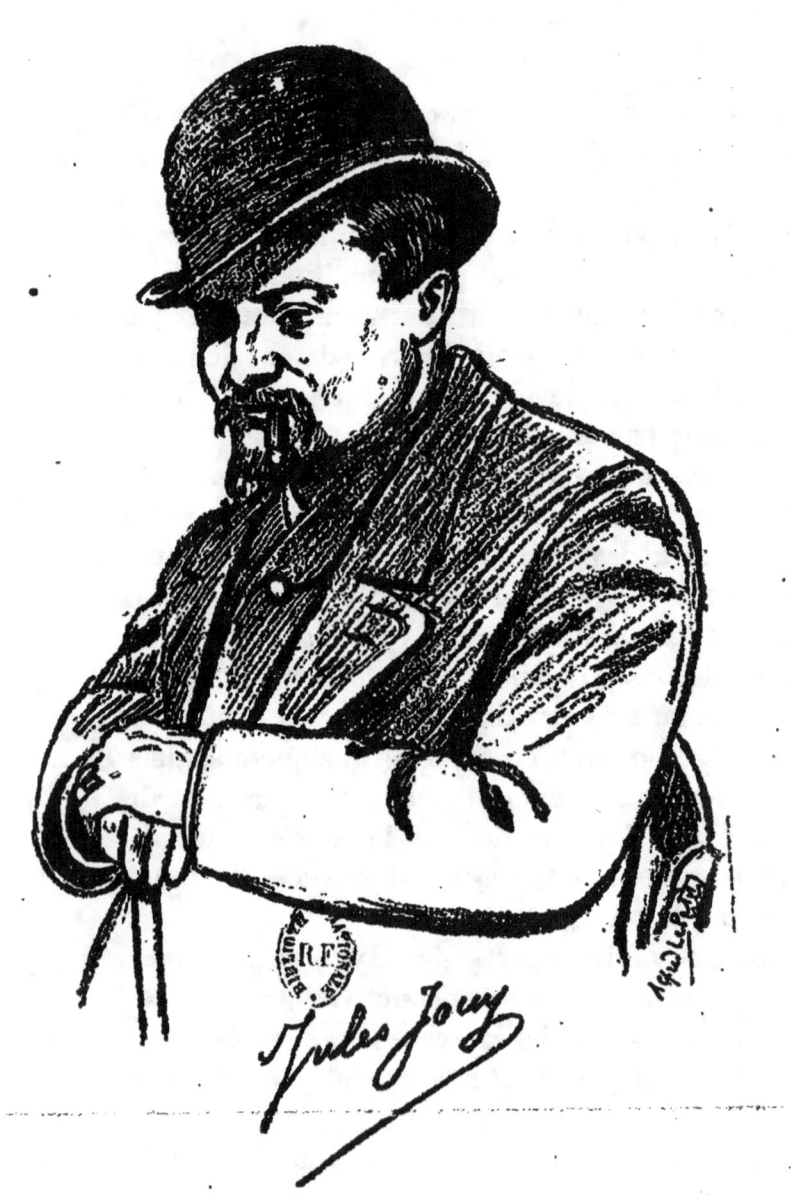

Jules Jouy

linat, sans compter ceux que l'on nommait *les vieux*, François Coppée, Claretie, etc., et qui, en dépit de leur auréole littéraire, *écopaient* quelquefois en cette bruyante assemblée.

Émile Goudeau présidait à la réunion de tous les jeunes littérateurs, dans une brasserie située alors au coin de la rue Victor-Cousin et de la rue Cujas.

C'est là que se fondèrent les Hydropathes et par conséquent le *Chat-Noir*, qui en fut la conséquence. Jouy fut un des fondateurs du *Chat-Noir* et dans le premier numéro du journal, introuvable aujourd'hui, il fit paraître une première chanson, *Les Grévy*, qui se chantait alors au piano, plus de cinquante fois par soirée, sur l'air des *Bidard*.

M. Grévy n'avait qu'un billard,
  Rien qu'un billard.
  Un seul billard.
Riche aujourd'hui comme un boyard,
  Comme un boyard,
  Un vrai boyard.
Il va, quel bonheur est le nôtre,
Pouvoir s'en acheter un autre.

Des gens ravis
C'est le père Grévy,
C'est la mère Grévy,
Grévy fils, Grévy fille,
Chaque membre de la famille
A son gré vit
Chez les Grévy.

Cette chanson où tous les membres de la famille Grévy étaient passés en revue, oh! pas bien méchamment, eut le don d'exaspérer M. Wilson, qui fit vivement critiquer Jouy, par un de ses amis, dans l'*Événement*, à cause d'un couplet relatif au jeune Wilson qui venait seulement de naître et dont le chansonnier n'avait pas dit bien grand mal.

En dehors de sa collaboration au *Cri du Peuple*, au *Parti Ouvrier*, au *Paris*, au *Figaro* et au *Rire* que dirige si spirituellement Arsène Alexandre, Jouy a fait paraître deux volumes de chansons. *Les Chansons de l'année*, couverture de Willette; et *Chansons de Bataille* (Flammarion); puis *La Muse à Bébé*, chansons pour les enfants, dédiées aux grandes personnes; *La Chanson des joujoux* (Engel) avec musique des compositeurs Léopold Dauphin et Claudius Blanc.

Il a fait représenter au Chat Noir, avec dessins

de J. Depâquit, *Le Rêve de Zola,* qu'il interprétait
lui-même. Aujourd'hui il fait partie des soirées
du Chien Noir et dirige la partie artistique avec

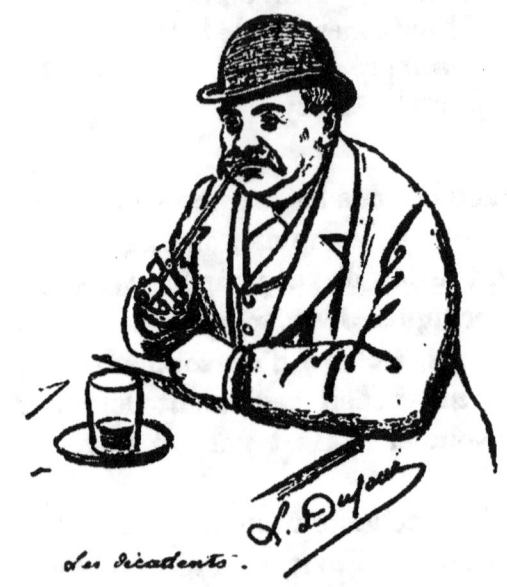

L. Dufour, Directeur des Décadents.

bon nombre de chansonniers connus : P. Delmet,
Hyspa, Marcel Lefèvre, etc., au concert des Décadents, où il se propose d'offrir, l'hiver prochain,
un spectacle sensationnel. Au Chat Noir, les dis-
putes de J. Jouy et de George Auriol, au demeu-
rant, les deux meilleurs amis, sont restées célèbres.

C'est également au Chat Noir que Jouy connut Achille Laviarde, plus connu sous le nom d'Achille Ier, roi d'Araucanie, qui amena les *Araucans* au Chat Noir et pour lequel Jouy composa un chant national avec musique de Thony. Achille Ier, en remerciement, nomma Jouy chevalier de la Couronne d'acier d'Araucanie, devant le comptoir de la Civette, au coin de la rue Rochechouart et de la place du Delta.

Pour célébrer cette distinction, Jouy, de son air le plus digne, interpellant le pseudo-roi, lui dit : « Qu'est-ce que vous prenez, Sire... C'est-y du broc ou de la bouteille? » et le chevalier et le roi de trinquer sans le moindre cérémonial.

Jules Jouy eut aussi un duel avec un écrivain qu'il avait assez vivement critiqué. Il se battit à la frontière belge, se réconcilia avec son adversaire qui, faisant allusion à l'une de ses chansons et à leur pâleur réciproque, lui tendit la main en disant : « Nous ressemblons à Gamahut! »

Une autre anecdote que j'ai notée jadis. Jules Jouy se promenait un jour au bois de Clamart, avec sa Mimi-Pinson, la jeune Marinette, jolie fille d'un esprit endiablé, que Salis classait dans la catégorie (c'est son expression) des Égéries des poètes du Chat Noir.

Ému devant le spectacle de la nature, troublé

par le chant des oiseaux, on était aux premiers beaux jours. Jouy se mit à penser obstinément, sans qu'il ait jamais su pourquoi, à Aristide Bruant, qui déjà était très en vue.

« Que dirait Bruant, s'il entendait chanter tous ces oiseaux, dit tout à coup Jules Jouy à Marinette? »

Et la folle enfant de répondre avec un geste et un sourire malicieux :

« Bruant... il dirait : Taisez vos gueules, j'vas chanter ! »

**

Jouy a fait jouer de nombreuses revues à l'Eldorado, à la Scala, à Parisiana, mais les plus heureuses furent celles jouées dans les petits concerts comme l'Européen, la Gaîté Rochechouart, où sa verve, affranchie de collaborations imposées, s'ébattait plus à l'aise et lui valait les articles élogieux et sympathiques d'Aurélien Scholl, de Sarcey, de Mirbeau, Jules Lemaître, etc.

Jules Jouy ne s'est pas confiné dans un genre spécial. Il a fait tour à tour, macabre, gai, simplement triste, ému ou tendre. Ainsi il a fait *La Terre,* puis *Gamahut; Les Enfants et les*

Mères, puis la *Complainte du paralytique*.
Comme chanson socialiste, je citerai : *Fille d'ouvriers*, éditée par Ondet.

FILLE D'OUVRIERS

MUSIQUE DE GUSTAVE GOUBLIER

> « Cependant le contremaître a avoué
> tous les faits dont il est accusé ;.....
> séparé de sa femme, il ne se contente
> pas de vivre maritalement avec une
> autre, il a encore pour maîtresse atti-
> trée une jeune fille de vingt ans, tra-
> vaillant dans ses ateliers. »
>
> *(Cri du Peuple)*
> LE SCANDALE DE SAINT-DENIS.

I

Pâle ou vermeille, brune ou blonde,
        Bébé mignon,
Dans les larmes ça vient au monde,
        Chair à guignon.
Ébouriffé, suçant son pouce,
        Jamais lavé,
Comme un vrai champignon ça pousse,
        Chair à pavé.

II

A quinze ans, ça rentre à l'usine;
  Sans éventail,
Du matin au soir, ça turbine,
  Chair à travail.
Fleur des fortifs, ça s'étiole.
  Quand c'est *girond*,
Dans un guet-apens, ça se viole,
  Chair à patron.

III

Jusque dans la moelle pourrie,
  Rien sous la dent,
Alors, ça rentre « en brasserie »,
  Chair à client.
Ça tombe encor : de chute en chute,
  Honteuse, un soir,
Pour deux francs, ça fait la culbute,
  Chair à trottoir.

IV

Ça vieillit, et plus bas ça glisse...
  Un beau matin,
Ça va s'inscrire à la police,
  Chair à roussin;

Ou bien, « sans carte », ça travaille
    Dans sa maison;
Alors, ça se fout sur la paille,
    Chair à prison.

V

D'un mal lent souffrant le supplice,
    Vieux et tremblant,
Ça va geindre dans un hospice,
    Chair à savant.
Enfin, ayant vidé la coupe,
    Bu tout le fiel,
Quand c'est crevé, ça se découpe,
    Chair à scalpel.

VI

Patrons! tas d'Héliogabales,
    D'effroi saisis
Quand vous tomberez sous nos balles,
    Chair à fusils,
Pour que chaque chien sur vos trognes
    Pisse, à l'écart.
Nous leur laisserons vos charognes,
    Chair à Macquart!

Brutale, certainement, cette chanson, mais d'une grande impression et faisant, quand il la chante, passer un frisson dans le public.

Jules Jouy est très connu, non seulement à Montmartre, mais dans tout Paris, il est populaire même, et je me souviens qu'un jour un cocher qui l'avait conduit, l'ayant reconnu, ne voulut jamais accepter d'être payé. J'ai dit que Jouy avait eu des débuts plus que pénibles, cette époque est lointaine, mais Jouy ne cache rien de ses origines dont il s'honore au contraire. Il a beaucoup travaillé, beaucoup, beaucoup lu et lu dans l'ordre; aussi est-il fort documenté et très intéressant dans la conversation. Il s'emporte facilement, a l'air d'avoir des colères terribles, qui se meurent presque toujours en un éclat de rire. Aussi n'a-t-il pas d'ennemis. C'est, avec cela, un grand enfant, d'une naïveté de cœur surprenante. C'est aussi un maniaque qui collectionne tout ce qui lui passe par la tête. N'avait-il pas jadis une chambre pleine de jouets d'enfants, qu'il achetait aux camelots dès qu'ils mettaient en vente quelque chose de nouveau. Peut-être bien parce qu'il en avait été privé dans son jeune âge!

Je m'arrête, non qu'il n'y ait plus rien à dire encore de Jouy, mais parce que je dois forcément me limiter et, pour finir, je citerai encore cette anecdote que Jouy me racontait un jour, encore tout secoué de rire :

Jouy, Léopold de Wenzel et, mettons, M. X...., l'un des auteurs célèbres au café-concert, conversaient de choses et d'autres. M. X...., parlant art, dit tout à coup :

« A propos, de qui donc est le groupe de Carpeaux, à l'Opéra?

— ???

— De Jean Goujon?

— !!!

— Ah! que je suis bête! Jean Goujon vivait sous Louis-Philippe! »

Jouy et de Wenzel étaient très gênés, on le conçoit. Et voilà, me disait Jouy, en terminant, voilà pourtant ce que valent la plupart des auteurs bizarres qui fournissent le café-concert.

VICTOR MEUSY

Victor Meusy est né en 1856, à Paris, rue Jacob, et c'est peut-être pour cela que, bien qu'il soit catholique, il possède un profil légèrement israélite. On comprendra que je ne puisse affirmer ; je me contente d'indiquer.

Il fit à Paris de bonnes études commerciales, puis se rendit en Angleterre, où il resta deux ans, se perfectionna dans l'étude de la langue anglaise, suivit les cours préparatoires de l'école de Cambridge, et termina ses études littéraires.

Il revint alors à Paris, il avait vingt ans et il entra à la Compagnie des chemins de fer de l'Est, où il obtint bientôt un poste intéressant, lui laissant une liberté relative. Pour passer le temps, Meusy composait des chansons, et il offrait, dans son bureau, des représentations littéraires auxquelles assistaient ses chefs eux-mêmes. Le soir, il fréquentait à l'ancien Chat Noir, et y interprétait ses œuvres, et, notamment : *Le Sacré-Cœur de Jésus,* chanson qui devint rapidement populaire.

Victor Meusy, encouragé par ses premiers succès, continua alors régulièrement à faire des chansons. Jules Jouy, Mac-Nab et lui .urent les premiers qui chantèrent au Chat Noir et c'est en présence du succès qu'ils obtinrent que l'on continua, et que les soirées musicales et littéraires s'organisèrent définitivement, pour se continuer rue Victor-Massé, où Victor Meusy suivit ses camarades.

En 1889, il fit paraître un premier volume : *Chansons d'hier et d'aujourd'hui,* puis en 1891, un second, sous ce titre : *Chansons modernes.*

Je citerai, parmi ses chansons les plus connues : *Les Halles; La Carotte; Les Choux ; L'impôt sur la noblesse; La Promise ; Paris, port de mer; Ballade des gays Montmartrois ; Sur les fortifs; Un triste individu; Au cabaret des Assassins ; La Chambre ; Les Conseillers municipaux ; Le vieux prunier ; Le Fromage,* etc., etc.

Entre temps, Meusy créa les *Soirées parisiennes* à la galerie Vivienne, avec *Ch. Baret, Delmet,* le mime *Paul Legrand* et bon nombre de poètes et chansonniers qui recueillirent de nombreux bravos au cours de fort belles soirées artistiques.

En 1890, Meusy, abandonnant *Le Chat Noir,* in-

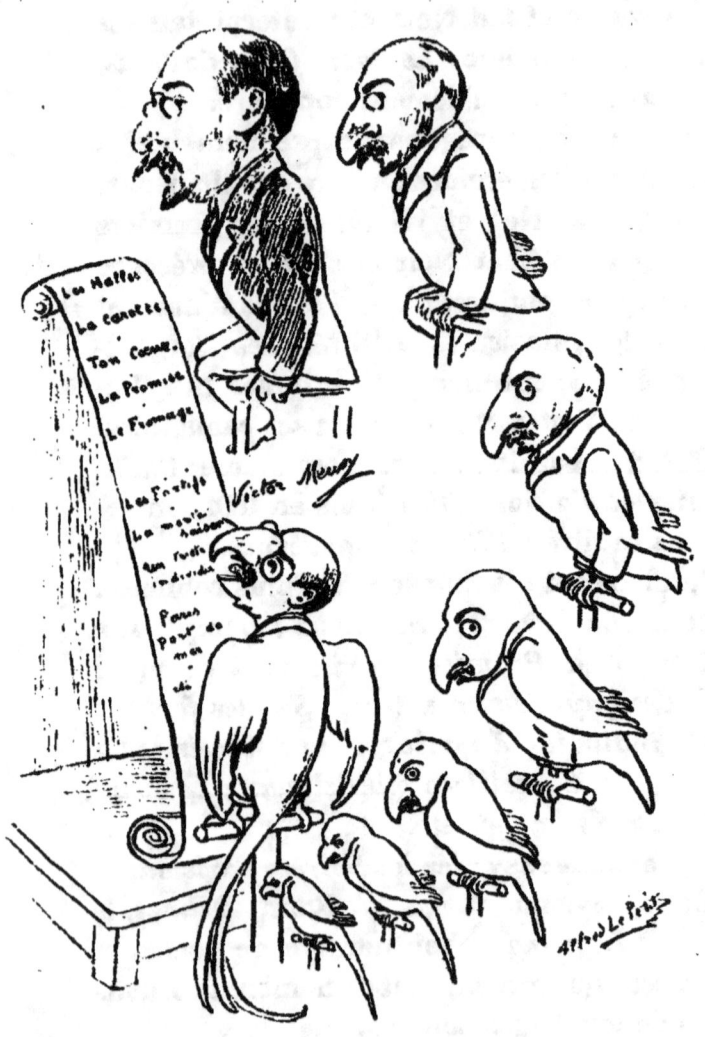

terpréta lui-même ses chansons avec beaucoup

de succès, à l'Éden-Concert, à la Scala, au Concert des Ambassadeurs, puis en province, à Bordeaux, Marseille, Nice et enfin en Belgique.

Il a fait de nombreuses revues, notamment pour Bordeaux, Dijon et Rouen.

Il a fait jouer, au Nouveau-Cirque, une pantomime : *Garden Party*, puis a publié des chansons politiques au *Cri du Peuple*.

Il avait collaboré au *Pétard*, étant encore tout jeune homme.

A la Bodinière, il a fait représenter quelques pièces, *Vers le Chic; Changement de garnison*, et en collaboration avec Hennequin, *Les Cousins de Nanette*.

Meusy prépare actuellement un nouveau volume, et il vient de terminer une opérette pour laquelle Audran a écrit une ravissante partition.

Victor Meusy a été un des hôtes assidus du cabaret des Assassins, perché tout là-haut, sur la butte Montmartre, où fréquentaient alors André Gill, Haraucourt, Bonnetain, Ernest Judet, etc., etc., et il a écrit une chanson: *Au cabaret des Assassins*, qui est, selon sa propre expression, comme le *God save the Queen* de l'établissement :

I

Messieurs, faut que j'vous présente
  Un étrange endroit
Qu'est installé sur la pente
  Du pic Montmartrois.
Quoi qu'à son nom, l'on suppose
  De sombres desseins,
Les gens qui voient tout en rose
  Vont aux Assassins *(bis)*.

II

Dans c't'auberge lamentable,
  A coups de surins,
On égorge sur la table
  De fameux lapins.
Là, l'sang qu'on boit à pleins verres
  A l'goût des raisins ;
Les buveurs les plus sévères
  Vont aux Assassins *(bis)*.

III

Les amoureux à la file
  La main dans la main,
Du sombre et discret asile
  Prennent le chemin.

> Et le plaisir, de nos belles
>   Agitant les seins,
> Fait qu'elles sont moins cruelles
>   Pour leurs assassins.

Je me souviens que, étant à Nice en 1891, je parcourais un jour le *Figaro* qui publiait une chanson de Victor Meusy, or, tout à coup j'interrompis ma lecture, et tout ému, le cœur très gros, je fis part aux camarades avec lesquels je me trouvais de la mort de notre ami Meusy, dont le *Figaro* publiait, en tête de la chanson, un article nécrologique des plus émouvants.

Nous fûmes très tristes toute la journée, au dîner même, nous levâmes nos verres à la mémoire de notre regretté camarade, et, le lendemain nous apprenions que la notice biographique était le résultat d'une erreur et que le mort ne s'appelait pas Victor, mais Georges Meusy, l'un des meilleurs, des plus aimés rédacteurs de l'*Intransigeant*.

Victor Meusy, auquel je rappelais dernièrement ce souvenir, m'affirmait qu'il ne s'était jamais si bien porté que depuis cet enterrement factice, et pour finir, je donnerai cette chanson inédite qu'il a bien voulu m'autoriser à publier ici :

LES SOTTES

PAROLES DE MEUSY. — MUSIQUE DE JULES LASSAIGUES.

I

Bien souvent dans les familles
Où l'on compte plusieurs filles.
L'on caresse, l'on chérit
  Les filles d'esprit ; —
Mais elles n'ont que des caiottes.
  Les sottes !

II

Elles prenn'nt pendant leurs études
De mauvaises habitudes.
Ell's parl'nt argot et sanscrit
  Les filles d'esprit. —
Ell's sav'nt récurer les cocottes
  Les sottes !

III

Dès qu'on allonge leur jupe.
L'anatomi' les occupe.

Ell's ont un rude appétit.
Les filles d'esprit —
Ell's rêvent en grattant des carottes.
Les sottes !

IV

Dans les bals et les soirées
Leurs affair's sont égarées :
Savent-ell's ce qu'on leur prit
Les filles d'esprit ? —
Elles ramass'nt le poussier d' mottes
Les sottes !

V

Se mariant avant l'âge
Elles font mauvais ménage.
Quand ell's tomb'nt sur un conscrit
Les filles d'esprit —
Ell's raccommod'nt les culottes.
Les sottes !

VI

Après deux ou trois divorces
Leur cœur subit tant d'entorses

Qu'ell's en crèvent de dépit
Les filles d'esprit. —
Elles sont grass's comme des p'lottes
Les sottes !

VII

Qu'ils s'appell'nt Joseph, Auguste,
Ell's ont des époux robustes
Que n'auraient jamais compris
Les filles d'esprit. —
En amour, ell's n'sont pas manchottes
Les sottes !

JACQUES FERNY

Ne s'appelle ni Jacques, ni Ferny, mais cela ne regarde personne, et nous respecterons un anonymat que beaucoup envieraient, puisqu'il est synonyme de talent réel et de succès.

Donc, Jacques Ferny est, selon un portrait fort exact, tracé de lui dans un journal de Rouen : « Blond, myope, sombre, élégant, impavide, les pointes des moustaches cocassement retroussées, projetées en avant comme une paire de défenses. » Il a de plus toujours l'air d'être de mauvaise humeur, il semblerait que les applaudissements l'énervent, et il suffit qu'on lui demande une chanson, pour qu'il en chante une autre. Déteste revenir pour saluer le public, s'y refuse d'ailleurs énergiquement, et se garderait bien de sourire. En résumé, pensez-vous, un bien mauvais caractère !

Eh bien ! non. Ferny est fort bien élevé, de rela-

tions très sûres, très agréables, et s'il ne saute au
cou de personne, c'est qu'il a conscience de sa dignité, c'est qu'il veut bien interpréter ses œuvres,
mais qu'il veut rester l'homme du monde qu'il est,
et n'avoir aucun point de contact avec les cabotins
si facilement liants. Ce n'est certes pas moi qui
l'en blâmerai.

Jacques Ferny est né à Yerville (Seine-Inférieure) en 1864. Il fit de brillantes études au sémi-
naire d'Yvetot, puis au lycée de Rouen, où il
obtint un prix d'honneur, ce qui ne l'empêcha pas
d'être *recalé* au baccalauréat... pour la littérature... naturellement..

En qualité de volontaire, il fit une année de service militaire au 21e dragons à Évreux et composa
à cette époque sa première chanson : *La Classe*, qui
chantée dans les cafés-concerts de la ville, fut à
ce point remarquée par le colonel, que cet officier
distingué la fit afficher dans la salle du rapport.

Son service terminé, son père, constatant son
goût très prononcé pour la littérature, s'empressa
de le placer chez Me Anselme Boullié, avoué.

Il n'eut rien de plus pressé que de composer, au
milieu des clercs ahuris, une opérette : *Tomboli-
Tombola*, monumentale bouffonnerie à la Hervé,
n'ayant rien de commun avec la procédure, et qui
obtint un succès fou.

En 1886, le Casino *Marie-Christine*, au Havre,

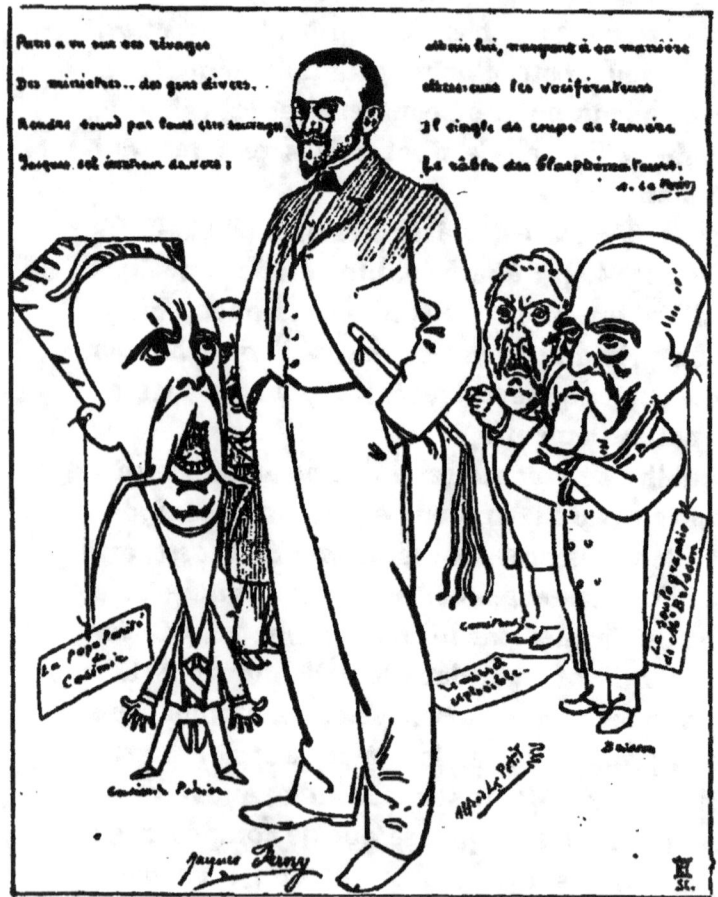

donna de lui *Trente-cinq minutes de Procédure,*
fantaisie sur les mœurs de la basoche, puis, la

même année, à Rouen, le Théâtre des Arts jouait
un délicieux opéra-comique du clerc, plus qu'a-
mateur, intitulé : *Une Nuit à Trianon* et enfin, le
San-Carlo de Naples représentait un opéra de
Ferny : *La Regina;* notre futur avoué ne perdait
pas de temps, on le voit, et il n'est pas sans intérêt
de rapprocher des compositions d'ironie violente,
qui ont fait depuis de Jacques Ferny le premier
chansonnier politique de la République opportu-
niste, les doux couplets d'opéra-comique auxquels
se complaisait alors son réel talent de versifi-
cateur.

Et d'abord, qu'il me soit permis de noter la pré-
ciosité de ce couplet :

> On dit la reine belle,
> Si belle qu'à la cour
> Tous les cœurs auprès d'elle
> Vont se mourant d'amour.
> Or, quand la reine même.
> En habit de satin,
> Au front son diadème
> Viendrait, un beau matin,
> Me dire, en souveraine :
> « Prends mon cœur pour le tien! »
> Je répondrais : « Ma reine,
> Mon cœur ne m'appartient! »

(Sérénade de la *Nuit à Trianon.*)

Et, du même opéra-comique, cette « chanson normande », publiée depuis par l'éditeur Fromont, sous ce titre « Colinette curieuse ».

I

La mère-grand de Colinette
Ly avait dit cent mille fois :
« Ne va jamais seulette,
Mon enfant, là-bas dans le bois
Du biau duc Jean-François. »
— Pourqué ça? disait Colinette.
— Parce que le loup
Est là qui t'attend,
Et que d'un seul coup
D'un seul coup de dent,
Il te mangerait
Atou ta cotte et tes bas blancs.
Ah! queu mal ça fait
Aux jeunes de seize ans!

REFRAIN

Landerira larirette ô gué! *(bis)*
Larira *(bis)* des loups
Vilain rendez-vous!
Landerira larirette ô gué! *(bis)*
Larirette *(ter)* larira
Ah!

COLINETTE CURIEUSE

Chanson villageoise

Paroles de
JACQUES FERNY

Musique de
A.-F. PRESTEAU

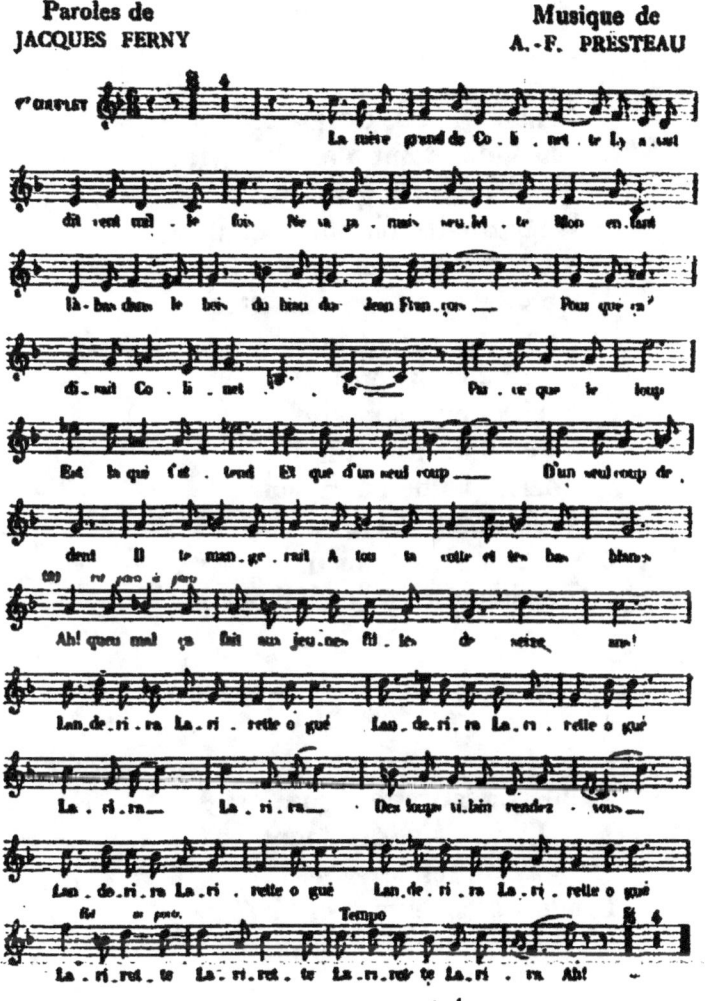

Publié avec l'autorisation de M. FROMONT, Éditeur, 40, rue d'Anjou.

II

Mais curieuse, Colinette
Rêvait du loup, point n'en dormait :
Voulait voir la gaoulette
Qui happait les filles tout drait
Et comment c'était fait.
Un matin, partit en cachette.
Entra dans le bois,
Le loup appela.
Le loup, à sa voix
Répondit : « Voilà! »
Mais, plume au capiau,
Habit doré, glaive au côté,
Il était très biau,
C'était un loup de qualité !

REFRAIN

Landerira larirette ô gué! *(bis)*
Larira *(bis)* des loups
Jaoli rendez-vous!
Landerira larirette ô gué! *(bis)*
Larirette *(ter)* larira.
Ah !

III

Surprise fut la demouazelle.
« C'est-y bien le loup que je vois ?
Ou c'est-y point, dit–elle,
Le jaoli seigneur de ce bois ? »
Mais lui, de s'écrier :
« Je suis loup, oui vraiment, la belle !
Je suis vertugué !
Les filles croquer...
— Chut ! chut ! dit l'enfant ;
Si grand-mère entend
Dans le bois jaser
Elle va m'appeler aux champs,
Et de me manger
Biau loup, vous n'aurez plus le temps !

REFRAIN

Landerira larirette ô gué ! *(bis)*
Larira *(bis)* des loups
Jaoli rendez-vous !
Landerira larirette ô gué ! *(bis)*
— Larirette *(ter)* larira.
Ah !

Que l'on veuille bien se reporter à ses chansons satiriques actuelles, et l'on constatera facilement la nuance, elle est bien nette, bien franche.

*
* *

En 1887, Jacques Ferny vint à Paris et s'empressa, en l'étude de Mᵉ Mignon, avoué, de continuer à se livrer exclusivement à son penchant, tout en délaissant toutefois le théâtre pour la chanson. L'idée lui vint alors, afin d'être bien personnel, de faire lui-même sa musique, qu'il eut l'habileté d'adapter à son absence totale de moyens vocaux et d'interpréter ses œuvres en personne.

Il se présenta au Chat Noir où Rodolphe Salis, mal disposé... probablement, lui déclara qu'il n'avait aucune chance de succès, et l'éconduisit tout bonnement. Jacques Ferny n'insista pas, et les Parisiens eussent probablement toujours, selon l'expression de Francisque Sarcey dans le *Temps*, ignoré « ce nouveau Mac-Nab, d'une note comique plus accentuée » si je n'avais eu le plaisir, étant chargé, pendant l'été de 1891, des délicates fonctions de *Chœur Antique* au Chat Noir, de faire la connaissance du débutant dédaigné que je rame-

10.

nai par la main, jusqu'au piano de Ch. de Sivry...
grognon, je vous prie de le croire, mais aussitôt
mis à son aise, par le succès très vif qu'il remporta à première audition. (Pardon pour cette
anecdote un peu personnelle, mais je suis très fier
d'avoir eu le flair... moi aussi... le vrai). Deux mois
plus tard, Salis, de retour à Paris, reprenait magis-
tralement ses hautes fonctions, et s'enorgueillis-
sait d'avoir... inventé J. Ferny, « la révélation de
l'année ».

C'est historique !

Jacques Ferny est un ironiste à froid qui, selon
Jules Lemaître, « soulève d'un air sinistre et avec
une étonnante immobilité dans le sang-froid, des
gaîtés incoercibles ».

D'ailleurs, voici le portrait que Maizeroy traçait
de lui dans *Le Gil Blas* du 6 décembre 1891 :

« Un masque flegmatique de pince-sans-rire qui
ne bronche pas, qui ne s'anime d'aucune lueur,
d'aucun tressaillement, même au plus fort de
quelque stridente gouaille, de quelque moqueuse
chanson où les Puissants, les éphémères idoles du
jour sont malmenés. bousculés, démolis ainsi que
dans un jeu de massacre. De petits yeux incertains
de myope et la tenue correcte d'un jeune professeur qui rime, à ses heures perdues, des satires,
qui aime Aristophane et les grands railleurs entre

les poètes. L'un des plus personnels et des plus intéressants « nouveaux » qui se prodiguent dans le cabaret de Salis, a des trouvailles de blague, des fins de couplet, des cinglées d'ironie qui font songer à ces mazarinades dont se grisaient jadis les bons bourgeois de Paris et aussi aux poèmes batailleurs de Méry. Signe particulier : N'aura certainement jamais une commande de cantate officielle ».

Il est certain que le choix des sujets, sur lesquels Ferny exerce sa verve habituellement, n'est pas pour lui concilier la faveur des puissants du jour. N'empêche qu'il convient de citer comme des plus amusantes ses deux chansons, *L'Alibi* et *L'Écrasé* qui, lu par M⁰ Bruzeau, plaidant devant la 11⁰ Chambre une affaire d'accident, lui valut de gagner sa cause.

Voici, notamment, les 3ᵉ et 4ᵉ couplets de cette *Lamentation d'un cocher de fiacre.*

III

Mon ch'val y'a broyé la tête
Avec ses pieds contre l'trottoir,
Mais pas sans peine, ah ! la pauvr' bête !
J'ai cru qu'elle allait pas pouvoir !

Tous ces écraseurs de voitures,
Pour embêter nos animaux,
Font exprès d'avoir des têt's dures;
Faut-i' qu'i soy' assez chameaux!...
    Hue cocotte *(bis)*.

IV

Il a sauvé sa clavicule,
Moi, j'mai cassé les deux brancards.
Ah! y a d'vein' que pour la crapule,
Les honnêt's gens sont pas chançards!
Aurait fallu qu'j'y broi' qu'un' cuisse,
C'est moins mauvais pour la santé :
I'vivrait assez pour que j'puisse
Lui d'mander une indemnité...
    Hue cocotte *(bis)*!

. . . .

Mais, où Jacques Ferny excelle, c'est dans la
chanson politique, grâce à son indifférence nar-
quoise, à sa raillerie ignorant l'invective, à son
seul désir, — d'où son comique exquis, — de s'em-
parer des ridicules pour s'en amuser innocem-
ment, mais le plus malicieusement du monde.

Dans ses chansons, ni défaillance, ni négligence,
ni longueur... et c'est quelque chose, cela. D'ail-

leurs, pour bien indiquer sa manière, je citerai
sa chanson *La Visite Présidentielle* qui eut et qui
a encore un succès fou.

I

Quand un' ville orné' d'un Préfet
R'çoit l' Président d' la République,
A la gar' ce préfet lui fait
Avoir un accueil magnifique;
Et l' Président dit avec la
Réserve constitutionnelle :
« Merci beaucoup de tant d'éclat,
Merci pour moi, merci pour elle. »

En effet, Messieurs, qui c'est-i'
Qui vient voir votre capitale?
C'est le gardien de la Consti-
    tution gouvernementale.

II

Puis il sourit, salue et sort
Pour se rendre à la Préfecture;
Là, dit aux juges du ressort :
« Ah! c'est vous la magistrature! »

LA VISITE PRÉSIDENTIELLE

JACQUES FERNY

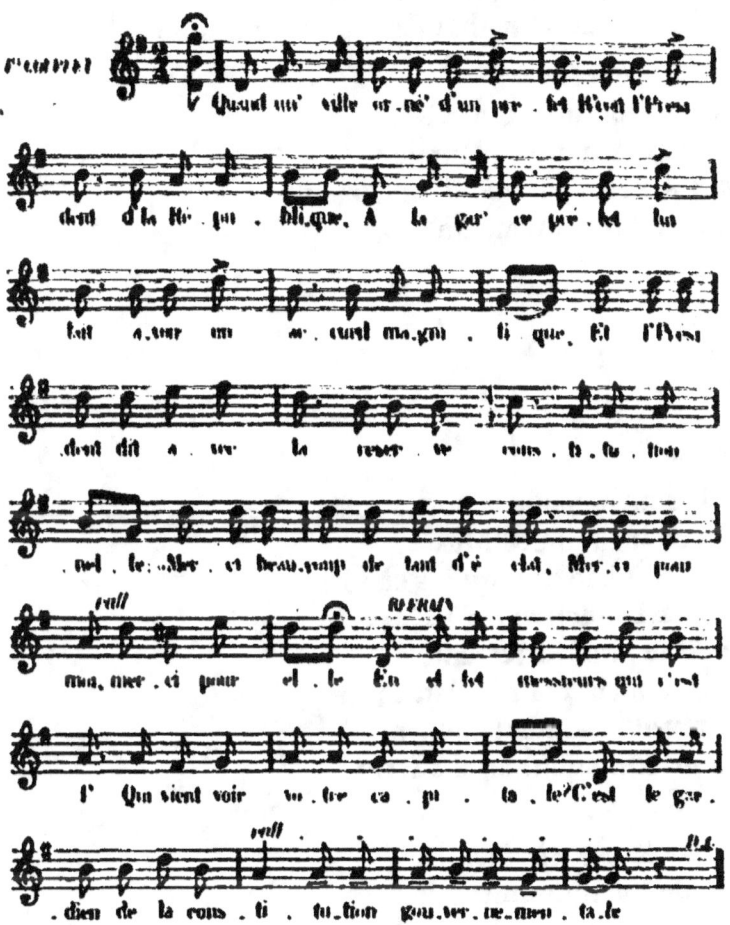

Publié avec l'autorisation de M. FROMONT, Éditeur, 40, rue d'Anjou.

Puis à l'évêqu' délicat'ment :
« Ah! c'est vous le chef du diocèse! »
Puis au mair' très spirituell'ment :
« Ah! c'est vous l'mair'! j'en suis bien aise. »

Puis avec un' finess' particulièrement transcendantale :
« Moi je suis l'gardien d' la Consti-
    tution gouvernementale. »

III

Puis il sourit, salue et sort,
Va pour inaugurer l'Musée,
Mais là soudain sent qu'il s'endort
Et qu' sa Laudative est usée;
Alors il se pinc' fortement,
Se fait souffrir pour la Patrie;
Ça l' réveill' momentanément,
Et, d'un ton sublime, il s'écrie :

« Ce Musée est très bien bâti,
Sa façade est monumentale,
Et moi, j' suis l' gardien d' la Consti-
    tution gouvernementale. »

IV

Puis il sourit, salue et sort
Va visiter les pensionnaires
Des hôpitaux, il plaint leur sort,
Dit : « C'est r'grettable » aux poitrinaires,
« C'est triste » aux malad's de la peau,
« C'est fâcheux » aux paralytiques,
Aux hydropiqu's il dit : « C'est... d' l'eau »
Et « c'est rien » aux syphilitiques [1].

(Variante).

1 Et « c'est l' sang » aux apoplectiques.

Pour les galeux même est gentil,
Leur dit : « Vous êt's quéqu' chos' de sale,
Moi, je suis l' gardien d' la Consti-
    tution gouvernementale. »

V

Puis il sourit, salue et sort,
Se rend au banquet, fait bombance,
Puis, au dessert, s' lève et, très fort
Crie : « Messieurs, rien n' va comme en France!

Notre commerce est... général,
Nos paysans cultivent leurs terres,
Nos ports gardent le littoral
Et nos soldats sont... militaires! »

Et tout l'monde est anéanti
Des révélations capitales
Du bon gardien de la Consti-
    tution gouvernementale.

VI

Puis il sourit, salue et sort,
Suivi des bravos d' l'assistance,
Reprend l' train — enfin! — et s'endort
Brisé d' corps et... d'intelligence!...
Et quand, plus tard son successeur
Viendra faire aussi sa visite,
L'esprit sagace du penseur,
Entre les deux aura, bien vite,

Découvert, observé, senti
Un' différenc' fondamentale!
Le nom du gardien d' la Consti-
    tution gouvernementale.

Et maintenant, citerai-je parmi ses plus remarquables chansons : *Les Révélations d'un Sous-*

Préfet au Concours régional des animaux gras et *La Statue* (discours d'inauguration du Ministre) et, d'une forme moins sévère, mais plus alertes, plus primesautières, celles où il daube fort irrévérencieusement sur les idoles du jour : *Le Missel explosible, Le Coup de Constans, Les Marins Russes, Burdeau s'instruit, La Déveine de M. Dupuy, Arton dans le ventre de la Baleine, La Popularité de Casimir*, etc., etc., chansons qui toutes soulevèrent des tempêtes de rire et valurent à leur auteur quelques difficultés avec la Censure et la Presse... ministérielle.

*   *
*

On n'a peut-être pas oublié certaine représentation donnée à l'Odéon au bénéfice du vaccin du croup, l'œuvre remarquable du docteur Roux, le 30 novembre 1894, représentation que M. et Mme Casimir-Périer honorèrent de leur présence, ainsi que les Ministres, le Conseil Municipal, ou du moins son bureau, etc., etc.

Jacques Ferny, dernier numéro du programme, y chanta *La Statue* et *Les Révélations d'un Sous-Préfet,* chansons que *Le Figaro* venait de publier

et 'qui, par conséquent n'étaient guère subver-
sives.

Or, il advint que les représentants de certains
journaux entendirent Ferny chanter, ce jour-là,
des chansons que, d'ailleurs, il n'avait jamais
faites... et qu'ils s'en indignèrent ! *Le Gaulois* alla
même plus loin, il cita un titre : *Les Députés à
Mazas*, à la grande stupéfaction de Ferny. A trois
reprises, *L'Écho de Paris* parla, en termes sévères, de l'incident Ferny, l'accusant d'un « manque de tact, d'un regrettable défaut de savoir
choisir, etc., etc. »

Ferny, il faut le remarquer, n'avait chanté que
ses deux chansons inscrites au programme, et
choisies entre toutes, par les organisateurs eux-
mêmes, qui, d'ailleurs, s'empressèrent de le désa-
vouer de bien ridicule façon, histoire de le remercier de son concours. Les étudiants, car c'étaient
eux les organisateurs, insinuèrent même que
Ferny n'avait pas été sollicité, mais qu'au dernier
moment il s'était offert à remplacer Yvette Guilbert absente. Il faudrait bien peu le connaître
pour accorder quelque créance à cette explication
pénible et laborieuse.

Le Paris du 8 décembre insérait la lettre suivante, en réponse à cette affirmation.

*
* *

« Tours, 5 décembre 1894.

« Monsieur,

« Au lendemain de la représentation donnée à
« l'Odéon, au bénéfice de l'Œuvre du vaccin du
« croup, vous m'avez consacré une petite note à
« laquelle je n'ai pas voulu répondre tout de suite,
« afin de laisser au Comité des Fêtes de l'Asso-
« ciation des Étudiants le plaisir de la rectifier.

« Comme ces jeunes gens persistent à s'en abste-
« nir, j'ai l'honneur de vous déclarer que je n'ai
« pas du tout demandé à remplacer Mlle Yvette
« Guilbert absente, et que j'ai chanté exactement
« au tour qui m'était assigné par le programme
« (c'est-à-dire le dernier) deux chansons sur le
« choix desquelles les organisateurs de la repré-
« sentation et moi étions parfaitement d'accord.

« Recevez, monsieur, l'assurance de mes senti-
« ments distingués.

« JACQUES FERNY. »

Cependant certains journaux avaient expliqué
le soi-disant incident à leur façon. Selon eux,
M. Casimir-Périer, M. Dupuy, étaient partis furieux. La vérité c'est qu'ils avaient ri aux larmes,
et que Ferny avait déjà quitté le théâtre que le
public le réclamait encore.

Et voilà comme on écrit l'histoire.

Notre regretté confrère et ami Raoul Toché qui, un mois plus tard, devait finir si tragiquement, égayé par toutes ces fausses pudeurs, par ce manque de franchise, presque de loyauté, vengeait fort spirituellement Jacques Ferny dans *L'Écho de Paris*, en publiant cette amusante fantaisie :

PROTESTATION

DU CHANSONNIER JACQUES FERNY

Voilà qu' tout l' monde pouss' des hélas
Parc' que j'aurais chanté quéqu' chose
Sur les députés à Mazas.
Écoutez : j'suis pas à la pose,
Blaguons l' pouvoir tant qu'on voudra,
Entre nous, c'est mêm' c' que j' préfère,
Mais le blaguer d' cett' façon-là,
Ah! bien non! ça n' serait pas à faire!

Quand mêm' j'aurais fait cett' chanson,
Et remarquez qu' je n' l'ai pas faite,
C'est bien sûr pas à l'Odéon
Qu' j'aurais chanté ma chansonnette.
L'Odéon, c'est subventionné
On s'y sent dans une atmosphère
Où faut êtr' bien intentionné...
Ah! non, vrai! ça n' s'rait pas à faire!

Et ce jour-là, principal'ment!
Il s'agissait d'un bénéfice,
Où les gens du gouvernement
Assistaient, comm' ceux d' la police,
Les ministr's semblaient enchantés
De s' trouver dans une autr' sphère,
Et j' les aurais mécontentés!...
Ah! bien, non! c'était pas à faire!

Et c'est pas tout! Y avait aussi
Le président d' la République,
Et vous pensez bien qu' mon souci
Était d'êtr' trouvé sympathique.
M' croit-on assez sot, par hasard
Pour vexer celui qui confère
Des ordres... dont j'aurai ma part?...
Ah! non, vrai! ça n' s'rait pas à faire!

J'aurais fait la chanson, mon Dieu,
J' dirais : « J' l'ai fait' — chacun son rôle! »
Mais non!... et mêm', j'en fais l'aveu
J' le r'grett', car ça pouvait êtr' drôle.
Vous voyez ça : chaqu' député
Ayant besoin d' Monsieur Doppfère
Pour toucher son indemnité!...
Ah! ma foi, tant pis!... j' vas la faire!...

GAVROCHE.

D'ailleurs, l'Association des Étudiants de Paris
avait, à la date du 5 décembre 1894, adressé la
lettre suivante à Jacques Ferny :

« Monsieur,

« Je viens vous remercier, au nom de mes camarades de l'Association des Étudiants, d'avoir bien
voulu prêter votre gracieux concours à la représentation que nous avons organisée au profit de
l'œuvre philanthropique du docteur Roux.

« Les chansons tout à fait originales que vous
avez eu la bonté de dire, l'autre jour, ont été pour
une bonne part dans le succès de la journée, d'autant plus qu'elles empruntaient aux circonstances
une saveur encore plus piquante.

« Veuillez agréer...

« Signé : *P. le Président
de la Commission des Fêtes,*

I. MOREL. — ROQUES. »

Ferny se contenta de répondre : « Je regrette
que vous ayez cru devoir garder pour l'intimité
une si saine appréciation des choses. »

Je signalerai pour mémoire, en terminant, une
petite pièce d'ombres donnée par Ferny en 1894,
au Chat Noir, sous ce titre : *Le Secret du Mani-
estant,* d'une belle verve satirique et qui obtint

un gros succès. Et enfin, je regretterai comme tout
le monde, plus encore si c'est possible, que Jacques Ferny ait délaissé le Chat Noir, où les applaudissements ne lui étaient pas marchandés, où
il tenait une place importante..... qu'il y tiendra
peut-être encore, et c'est le vœu que nous for-
mons.

ARMAND MASSON

Très difficile à convaincre que sa place était
marquée dans ce volume, Armand Masson m'a
fait vieillir de... ce que vous voudrez. Finalement,
il s'est décidé à me donner quelques notes biogra-
phiques, autant par camaraderie que pour me bien
prouver qu'il ne lui pouvait être qu'agréable de
figurer parmi ceux qu'il fréquente le plus. Or,
qu'il me permette d'abuser et de négliger sa modestie, qui le rend vraiment trop craintif.

Armand Masson a bien fait quelques chansons,
et même de fort bonnes chansons, mais il est surtout un poète exquis, d'une forme irréprochable,
d'une saveur appréciée en maintes circonstances,
et, somme toute, l'un de ceux qui, au Chat Noir
et ailleurs, aient très fort contribué au succès.
Donc, sollicité par moi, en dernière heure, — et
très vivement, en présence de son inquiétant si-

II.

lence, — il m'adressa quelques lignes, me priant
de rogner, de couper à mon choix, et me remer-
ciant, par surcroît, de mon insistance à ne point
vouloir l'oublier.

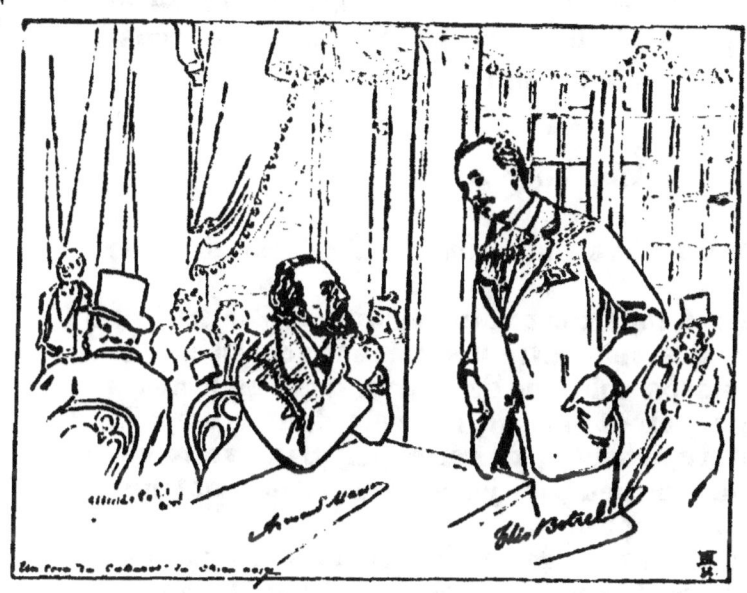

Armand Masson et Th. Botrel au Chien Noir.

Tant pis pour lui, je reproduis textuellement les
trop courtes notes qu'il m'adresse, et je suis absolument certain que nul ne s'en plaindra.

Il a tout naturellement oublié de rappeler de
très réels et très mérités succès littéraires, dont
beaucoup seraient heureux de se prévaloir; il a

négligé même de me rappeler certaines de ses
œuvres applaudies et redemandées au cours des
meilleures soirées où il s'est fait entendre; cela
tient à son désir très net de passer un peu ina-
perçu. Entendu! mais je me venge, et ce, pour le
grand plaisir de nos lecteurs, fidèlement je transcris sa lettre toute intime :

« Mon cher Ami,

« Pourquoi ce fantassin dans cet escadron de
chansonniers?

« Après tout, c'est votre affaire, et j'ai tant de
fois dit des vers entre une romance de Delmet et
une chanson politique de Ferny, que vos lecteurs
ne s'étonneront pas de me voir figurer dans la
littérature debout et de retrouver, dans votre volume, le Monsieur qui jette un froid pendant que
le piano se repose.

« Vous m'avez demandé quelques détails bio-
graphiques. Les voici, palpitants d'intérêt, comme
vous allez voir.

« Je suis né en 1857, à Paris, dans une maison
de la rue Amelot qui, déjà, porte mon nom en lettres d'or : rassurez-vous, ce n'est pas une plaque
commémorative due à la reconnaissance de mes
concitoyens, mais simplement l'enseigne d'un épicier homonyme. N'importe, ça fait toujours plaisir!

« Quelques historiographes mal informés me
font descendre d'une vieille noblesse... de truelle,

et assurent que c'est au pied du mur de Jéricho
que mes aïeux se firent connaître : il n'en est rien.
Mon père est un tout petit cultivateur briard qui
se saigna aux quatre membres pour faire de moi
un maître d'école.

« Heureusement pour la gloire des lettres fran-
çaises, vers l'âge de treize ans, j'obtins au concours une bourse qui me permit de faire, au collège de Melun, mes études classiques. A partir de
ce moment, je devins la proie des concours acadé-
miques et autres ; on m'engraissa de grec et de
latin, et je fus la bête primée, orgueil de l'éleveur.
Je sortis du collège, muni de diplômes sur parche-
min et de volumes dorés sur tranches : les diplômes ont servi depuis à ma femme, qui s'en fit
d'excellents doigts de gant pour se préserver des
piqûres d'aiguille. Quant aux volumes dorés sur
tranches, j'eus beaucoup de mal à m'en débar-
rasser : aux yeux des bouquinistes du Quartier
Latin, la mention gravée sur la couverture : *Prix
offert par le Ministre de l'Instruction publique*,
constituait une moins-value considérable.

« Par bonheur, je ne portais pas mes titres uni-
versitaires tatoués sur le front, et grâce à ma
bonne écriture, je pus trouver un emploi d'abord
à la Compagnie P.-L.-M., où j'appris que l'addi-
tion est la plus fatigante de toutes les opérations ;
puis au Ministère de la Guerre, où je fumai de
nombreuses cigarettes et où je fis connaissance
avec toute une pléiade de poètes que les lauriers
de leur ancien collègue, François Coppée, n'empê-
chaient pas de dormir au bureau :

Ramant à la même galère,
Au Ministère de la Guerre,
Nous étions quatre-vingts rimeurs.

« Pour en finir avec ces détails administratifs,
si attachants qu'ils soient, n'oubliez pas de dire
que j'appartiens actuellement à la Préfecture de la
Seine, où j'ai la réputation d'un employé exact et
laborieux. Ça peut vous sembler invraisemblable,
mais c'est comme ça.

« Entre temps, et ce, dès avant ma sortie du
collège, j'ai publié des vers, des nouvelles et des
chroniques un peu partout, à la *Lune Rousse* d'a-
bord, sous des pseudonymes divers dont je ne tra-
hirai pas l'*incognito*; puis à la *Chronique Parisienne*, à l'*État*, un journal fantastique dont il ne
se vendait pas dix numéros à Paris et qui vécut
six mois sans que j'aie jamais pu savoir comment;
au *Chat Noir* enfin, où Salis m'attacha... pas
avec des saucisses, et à qui j'ai donné les seuls
vers que j'avoue.

« Vous m'avez demandé deux pièces inédites.

« Boum! voilà. »

A LA REINE DES BLANCHISSEUSES

O Reine du bateau-lavoir,
Promue au pouvoir monarchique
Par le concile œcuménique
Des demoiselles du battoir.

Souveraine de Mi-Carême
Dont la jeunesse, la beauté
Et les sourires ont été
Les seuls titres au diadème.

Gentille Majesté d'un jour,
Qui n'aurez ni sergents de ville,
Ni budget, ni liste civile,
Et dont le règne, hélas! trop court,

Comme toutes les bonnes choses,
Doit, aussitôt qu'inauguré,
Avoir le sort prématuré
Des Ministères et des roses :

Je viens saluer humblement
De mes rimes les plus sincères,
Au nom des poètes, mes frères,
Votre joyeux avènement.

—Car, vraiment, ce n'est pas pour rire,
Mais le temps qui court n'est pas gai,
Et besoin est, ma Mie, ô gué!
De votre royauté pour rire.

Oh! venez nous distraire un peu
De la névrose pessimiste!
Que votre règne fantaisiste
Soit l'apothéose du bleu!

Faites-nous oublier l'austère
Béranger, et ces gens de poids
De qui les vertus sont en bois
Et ne se mesurent qu'au stère.

Montrez à tous ces petits saints
Qui tripatouillent le scandale,
Qu'on peut laver son linge sale
Sans éclabousser les voisins.

— Vous avez ce qu'il faut pour plaire :
Riez, riez à tous venants,
Et montrez à nos gouvernants
Comment on devient populaire.

Soyez la reine sans façons
D'une après-midi de liesse :
A vos sujets faites largesse
De pieds de nez et de chansons

— Et lorsque les vicissitudes
Que tout régime doit subir
Vous auront, comme Casimir,
Rendue à vos chères études,

D'un geste large et familier
Montrez-nous, en quittant la place,
Que l'on peut mettre de la grâce
Même à rendre son tablier.

LA BALLADE

DES CHOSES QUI ARRIVERONT. . DEMAIN

Demain, coiffeurs et perruquiers
Raseront gratis la pratique :
Les raseurs de la politique,
Comme les tondeurs financiers,
Exerceront leurs doux métiers
Pour l'amour du public godiche
Et feront fi de nos deniers :
— Néanmoins, consultez l'affiche!

Demain, le roi des sucriers,
Cornélius, le diabétique,
Portalis, Arton et la clique
Des chanteurs et podeviniers,
A Mazas seront prisonniers...
Et nous verrons sur le Boul'Miche
Des pucelles à pleins paniers :
— Néanmoins, consultez l'affiche!

Demain, sortira des dossiers
Le programme démocratique.
Ce sera l'âge d'or antique
Renouvelé; les ouvriers,

Devenus assietteaubeuriers,
Prendront l'absinthe au café Riche
Avec le pognon des rentiers :
— Néanmoins, consultez l'affiche!

Envoi.

Ne m'adressez pas les huissiers :
Demain, demain, je serai riche
Et je paierai mes créanciers.
— Néanmoins, consultez l'affiche!

ARMAND MASSON.

N'est-il pas vrai que c'eût été folie de ma part de trancher, de rogner à ma guise. Armand Masson, et je l'en remercie, m'a laissé le choix. Il a été vite fait! Je signe et c'est lui qui écrit. Donc :

Pour copie conforme :

H. V.

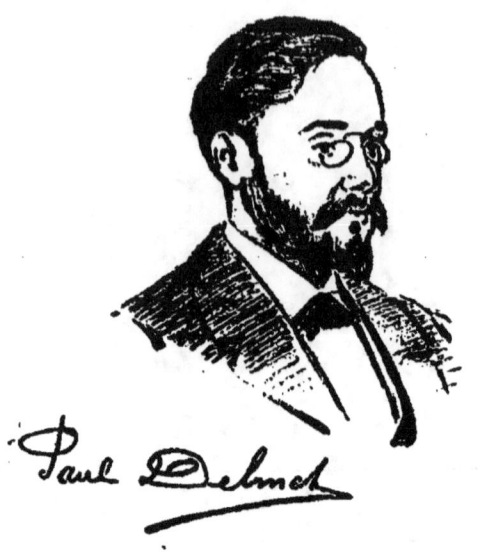

Paul Delmet est né, lui aussi, à Paris le 17 juin 1862, et dès sa plus tendre enfance il gazouillait à tout propos. A l'âge de trois ans, à la stupéfaction bien compréhensible du directeur d'une petite pension, à laquelle ses parents l'envoyaient jouer avec ses petits camarades, il se mit un beau jour, en plein déjeuner, à chanter la *Femme à barbe*. Je ne dis pas que c'était là l'indice certain d'une vocation, mais il est évident que dès cette époque, le chant était sa plus constante occupation.

A l'âge de sept ans, il entra à l'école communale et apprit la musique. Il fit, jusqu'à l'âge de douze ans, partie de la Maîtrise de Saint-Vincent-de-Paul.

Sa grand'mère, qui l'élevait plus particulièrement, le mit à cette époque en apprentissage chez un feuillagiste.

Paul Delmet y resta tout juste un jour, et entra chez un graveur de musique à l'insu de sa grand'-mère, qui n'apprit que beaucoup plus tard ce premier acte de volonté. Cependant, tout en apprenant un métier où il devint par la suite très habile, Delmet continuait à faire valoir dans les églises, la très belle voix de soprano qu'il possédait.

Bien des gens qui l'entendirent à cette époque eussent été fort surpris d'apprendre que la voix qui les avaient tant charmé pendant l'office, n'était pas celle d'une femme.

Cependant, un jour qu'il chantait, en l'église Saint-Eugène, une messe de mariage, il s'arrêta net au milieu d'un *O Salutaris!* incapable de continuer, et ce fut un ténor, présent à la cérémonie, qui dut terminer le morceau commencé.

Delmet pensa devenir fou de chagrin, s'imaginant qu'il avait à tout jamais perdu sa voix.

Le lendemain il se réveillait, après une nuit agitée, avec une superbe voix de basse profonde. La joie la plus vive succéda au plus affreux désespoir.

Paul Delmet ne doit sa science du chant qu'à sa volonté, jamais il n'a suivi de cours, mais il convient de dire qu'il a reçu, tout enfant, de fort bons

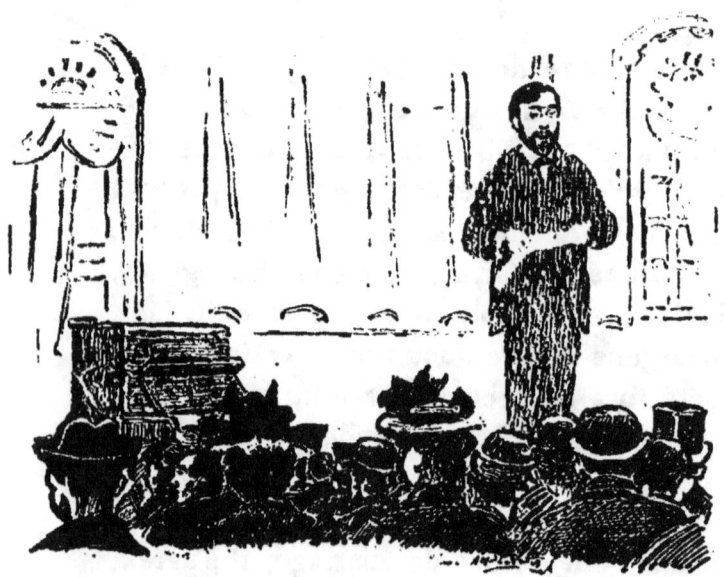

conseils de M. Archaimbaud, le très distingué professeur du Conservatoire.

Delmet chante délicieusement, il phrase de façon supérieure, et sa voix tour à tour chaude, puissante ou tendre, procure une émotion réelle et rend de façon absolue l'impression du poème qu'il a mis en musique. Il complète, il finit l'œuvre du

poète, et l'on peut dire, sans crainte d'être taxé
d'exagération, qu'il est bien difficile, après l'avoir
entendu, de dire ce qui a le plus charmé, des vers
ou de la musique. Delmet ne fait aucun geste en
chantant. Il ne recherche pas l'effet, il dit simplement, il chante comme il sent et, il sent puissamment.

Sa voix vous enveloppe comme d'une caresse,
c'est un charme qui vous plonge en une sorte d'ex-
tase et l'on continue à l'écouter alors que déjà il
s'est tû.

Vers l'âge de dix-huit ans, Paul Delmet se fit
entendre dans diverses sociétés lyriques, et le premier morceau qu'il interpréta fut l'air du Chas-
seur du *Pardon de Ploërmel*.

Un jour il assista à une « Goguette » au Chat
Noir, il y chanta et recueillit force bravos. Or, il
n'ignorait pas que pour être admis au théâtre de la
rue Victor-Massé, il fallait être auteur et pouvoir
interpréter ses œuvres.

Delmet se mit au travail et composa *Matin* sur
le délicieux poème du poète Albert Tinchant, mort
aujourd'hui.

Dès lors, il fit partie du Chat Noir, et contribua
très largement au succès des soirées sans rivales
qui ont fait la gloire et la fortune du gentilhomme-
cabaretier.

Delmet est très recherché, très demandé dans les salons où il triomphe, et il est très regrettable que le Chat Noir ne le compte plus au nombre de ceux qui s'y font applaudir chaque soir.

Je me souviens qu'un jour, pour remercier nos camarades, les internes de Lariboisière, des soins affectueux qu'ils avaient prodigués à nos regrettés camarades Mac-Nab et Adrien Dézamy, nous avions, après un déjeuner à la salle de garde, organisé un concert.

Henry Sellier, Auguez, Delmet et Ray, le distingué pianiste étaient des nôtres. Delmet, accompagné par Ray, déchiffra séance tenante et interpréta, avec toutes les nuances voulues, différents morceaux inédits qu'on lui avait présentés.

M. Louis Gallet, alors directeur de Lariboisière, caché derrière la porte de son cabinet, écoutait, et il ne put s'empêcher de faire tenir à Delmet ses compliments les plus sincères pour ce qu'il considérait comme un merveilleux tour de force.

Paul Delmet a déjà publié, chez l'éditeur Henri Tellier, deux volumes de ses compositions sur les poésies de MM. G. Auriol, L. Durocher, Émile Goudeau, Victor Meusy, A. Tinchant, Maurice Vaucaire, Maurice Boukay, d'Esparbès, Marsolleau, etc., etc., superbement illustrés par le maître Ad. Willette.

Faut-il ajouter que Delmet est l'auteur de : *Les Petits Pavés* et de *Petits Chagrins?* Au nombre de ses plus remarquables compositions, je citerai : *Villanelle; Stances à Manon; Les Choux; Joli Mai; Chanson de rien; Tourne mon moulin; Aubade; Le vieux Mendiant; Le vieux Prunier; Charme d'Amour,* etc., etc.

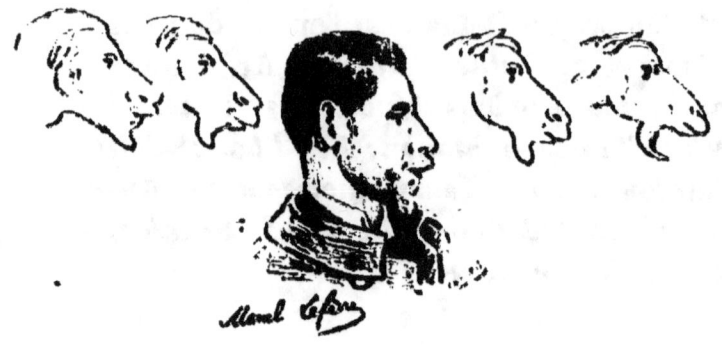

Né en 1863 à Bruxelles, Marcel Lefèvre a fait de
très complètes études; après s'être fait recevoir
bachelier ès lettres et avoir beaucoup travaillé la
musique, il entra, en qualité de professeur d'harmonie, au Conservatoire de Bruxelles et fit représenter, au théâtre de la Monnaie, trois opéras :
*L'Ami Pierrot; Le Diner de Madelon; La Meu-
nière de Marly,* car il est compositeur et compositeur de talent. Lefèvre fut chargé de faire la
musique des Concours de pantomime, puis il écrivit un grand opéra qu'il soumit à un très grand
musicien, et ce dernier lui conseilla de se lancer
dans la chanson!

La différence était, on l'avouera, considérable,

Marcel Lefèvre suivit néanmoins les conseils du maître et il n'eut pas à s'en plaindre.

En 1890, il se fit entendre pour la première fois au Chat Noir, s'accompagnant lui-même au piano, et il fut admirablement accueilli. A cette époque, il fit une chanson pour Paulus : *Le Procès-verbal*, dont l'un des couplets relatif aux espions ne fut pas visé par dame Censure! Paulus, sans tenir compts du *veto*, chanta intégralement la chanson à la Scala. Le succès fut énorme, mais le concert fut fermé par ordre.

Paulus intervint, M. Larroumet s'entremit et, finalement la Censure, revenant sur sa première décision, autorisa le fameux couplet qui, tout à coup, était devenu possible. O Censure! Voilà bien de tes coups!

Marcel Lefèvre en 1892, suivit Fragerolle et Goudeski aux Ombres Lyriques du Lyon d'Or et y obtint également beaucoup de succès, puis il revint au Chat Noir, et suivit l'illustre compagnie, dans la plupart de ses tournées en France et en Belgique.

Aujourd'hui, avec ses camarades J. Jouy, V. Meusy, Paul Delmet, Hyspa, Masson et Botrel, il se fait applaudir au Chien Noir. Parmi ses chansons les plus applaudies, je citerai : *Chanson Polonaise, Chanson Franco-Russe, L'Ouvreuse* et le *Concert Arabe*, cette charge fantastique qui provoque, chaque fois qu'il la chante, un éclat de rire formidable.

Marcel Lefèvre s'est fait une spécialité de charges exotiques, chansons italiennes, espagnoles, nègres, etc.

Or, et cette anecdote est absolument historique, on le pria de prêter son concours pour une grande soirée particulière. Grand embarras lorsque, soumettant son programme, il fallut faire un choix.

La chanson italienne pouvait froisser un attaché de la *Légation*, invité ce soir-là. La chanson espagnole froisserait, pensait-on, un vieil hidalgo, ami de la famille, et la chanson arabe risquait de mécontenter un jeune homme de la société, fils d'un cheik en voie de complète civilisation.

Restait la chanson nègre, mais la famille chez laquelle Lefèvre avait été prié de chanter possédait un *vieux marron*, domestique depuis plus de trente années dans la maison, et on eût été désolé de lui être désagréable. Bref, Marcel Lefèvre n'osa rien chanter, pas même, me disait-il, une chanson polonaise, craignant de faire rougir un poêle Choubersky qui se trouvait dans l'appartement. Marcel Lefèvre est le fils de Victor Lefèvre, connu à Bruxelles sous le surnom bruxellois de *Coco Lulu*, et qui a divulgué, dans une série de petites pièces locales et de chansons du terroir, le vieil idiome bruxellois, appelé *Marollien* et qui se compose d'un mélange d'éléments français, flamands, autrichiens et espagnols, conséquence des diverses dominations.

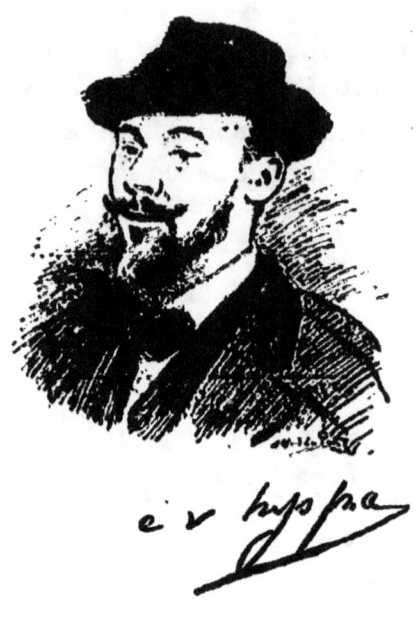

Plusieurs capitales se disputent la gloire de l'avoir vu naître, vers la fin de 1865, et malgré un accent qui ne saurait laisser aucun doute, Salis se faisait une joie d'annoncer Hyspa, le bon Belge.

J'affirme ici avoir entendu, de mes propres oreilles, bien des gens déclarer qu'il parlait, en effet, avec un accent belge des plus prononcés... Oh! la science infuse des idiomes!... Passons!... Hyspa vint à Paris en 1887 et commença ses études de Droit, puis, et dans un tout autre ordre d'idées il collabora au *Chat Noir* et à la *Revue de l'Ermitage*, ce qui lui permit de négliger considérablement le *Dalloz* avec lequel, d'ailleurs, il se brouilla tôt.

Le bon... Belge Hyspa a commis quelques monologues et chansons, et pour remplacer la moindre thèse, il a fait revivre et fort spirituellement, ajouterai-je, la Parodie. Je n'en veux pour preuve que *Le Vieux Mendigot* qu'il chante régulièrement après Delmet, et qui provoque un fou rire général, alors qu'avec le *Vieux Mendiant* Delmet vient d'émouvoir.

Et sa façon de chanter et de dire, et cette manière d'arriver face au public et de détailler son œuvre, les mains dans les poches, les yeux mi-clos, avec, sur la figure, un sourire satirique, quelque chose comme l'expression bon enfant et roublarde d'un chat qui ferait sa sieste.

Hyspa termine un volume de chansons qu'il intitule *Parodies perdues* — pas pour tout le monde, en tout cas, et un volume de vers : *Parfums,* dont j'ai le plaisir grand de vous offrir ici un extrait peu banal :

A mes amis du Saint-Siège
et à Vandenbranden.

LE PÉTOMANE

Poète, prends ton luth et me donne un baiser;
La fleur de l'églantier sent ses bourgeons éclore
Le printemps naît ce soir, les vents vont s'embraser.

ALFRED.

Il était une fois un artiste parfait
Qui tirait de son fond lui-même son effet.
Il fit un certain bruit de par la Mappemonde
Laissant derrière lui l'impression profonde
D'un maëstro prestigieux,
Soupirant, avec cette aisance
Qui l'accompagnait en tout lieu,
La barcarolle ou la romance
Sans paroles. Et chacun de dire : Voilà
Cet homme, sûrement, a quelque chose là.
Mais, très vaniteux, *in petto,*
Il aspirait beaucoup plus haut.
Avec son art occulte il fit dans les salons
De la musique de chambre sur tous les tons.
Certes, il avait toujours du Chopin sur la hanche
Et les femmes, quand il enfilait sa voix blanche

Disaient : « cela sort du commun,
Son haleine fait la musique[1]
Comme sa voix fait le parfum. »
Et vraiment c'était magnifique...
Surtout lorsque lâchant le ton sentimental
Il chantait : « ah la peau ! la peau ! la peau de ball ! »
Comme il traitait en vérité l'art de la chute
Point par dessous la jambe, avait en même temps
Un clair fausset, et près du fausset, la culbute,
Un critique influent
Que l'on sait compétent,
Déclara dans le grave Temps
Que cette étoile n'était pas sans fondement;
Bref, il fut décoré de la rose des vents.
Ni l'or ni la grandeur ne nous rendent heureux[2];
Il ne cultiva plus l'instrument précieux
Que pour s'en faire un marchepied vers d'autres sphères,
Et se prit à rêver d'état parlementaire
Et de conseil de cabinet,
Et de concert diplomatique,
Tout comme Coquelin aîné
Ou Casimir le Sympathique.
Mais malgré son esprit de corps
Le succès ne vint pas couronner ses efforts.
« Excelsior, se disait-il, excelsior !
J'ai trop été quelqu'un pour ne plus l'être encor

1. Moralité empruntée à Baudelaire pour les besoins du sujet.
2. Moralité empruntée à M. de La Fontaine. Je la lui rendrai plus tard.

Moi qui me fis un fond qui ne sait plus rugir.
Et voici qu'il voulut, ô suprême désir,
Être membre du Mirliton. « Mais, lui dit-on,
Vous ne nasillez pas? » Sous ce dernier affront,
Triste, il partit semant sa plainte en la nuit brune,
Puis prenant à témoin sa patronne la lune,
Il dit : « Je ne chanterai plus,
J'ai plein le dos de la musique! »
Cela dit, il s'assit dessus
Son frêle instrument euphonique
Et s'étouffa. Sur sa tombe, raconte-t-on,
Tout au-dessous de son blason,
(Il portait, — la chose est notoire, —
De trois perles sur champ de foire,)
On écrivit
Ces mots : « Ci-gît,
Qui voulut
Chanter plus haut que son luth. »

Vincent Hyspa se dérobe à toute interview, ce
qui est bien gênant pour moi. Il vit fort retiré, à
Montmartre, dans une maison bâtie sur les murs
de la vie privée et recouverte, selon sa propre
expression, des tuiles de l'existence; et je dois déclarer qu'à toutes mes demandes de renseignements, malgré la très excellente camaraderie qui
nous unit, je n'ai pu obtenir en réponse que la
lettre suivante. Il est vrai que je l'ai lue, relue,

que je la garde et qu'il me faudrait être un profond égoïste pour vous en priver. La voici :

« Mon cher Valbel,

« Vous me demandez quelques détails sur moi-
« même, vous vous êtes bien mal adressé.
« Avant de vous répondre je me suis longtemps
« regardé dans le blanc des yeux avec une loupe
« (oh! je ne recommencerai plus!) et je me suis vu
« si laid, que je me refuse à dire rien sur mon
« compte où il n'y a rien à apprécier; la Postérité
« ne sera donc pas trop volée. Et puis il fait un
« vilain temps, il neige, et je rêve, ne troublez
« pas mon rêve que voici :

Il tombe sur la ville, à flots, des pellicules
Blanches plus que l'innocence d'un éléphant
Qui vient de paître au saint giron de sa maman.
Elles tombent du haut du ciel, où des émules
Du fameux Absalon de coiffure, au puissant
Roi des rois, sont en train, sans craintes ni scrupules,
Une brosse invisible entre leurs doigts d'Hercules,
De laver salement le chef en ce moment.

Seigneur! Seigneur! Je n'ai jamais pris le Messie
Pour une lanterne, et je doute cependant
A voir que sous n'importe quel gouvernement,
Intraitables et prompts comme la calvitie

Tous les déchets du père inévitablement
Retombent sur la tête de ses enfants.

« Sur ce, je vous brise les phalanges.

« *Signé :* V. HYSPA. »

Paris, 5 mars 1895.

J'aurais bien voulu ne rien ajouter, mais il me
semble difficile d'oublier *Le Ver solitaire,* un des
monologues les plus exhilarants d'Hyspa (le
Belge) qu'il faut avoir entendu ou aller entendre,
et puis... mais comme « il est deux heures du matin sur »... le cadran de mon horloge, je m'arrête
et je laisse Hyspa continuer son rêve.

THÉODORE BOTREL

Le jeune chansonnier Théodore Botrel est un Breton, un vrai. Né en 1870, à Dinan, il a été élevé par sa grand'mère en Ille-et-Vilaine, en pleine nature sauvage, et il a fait son service militaire à Rennes, dans un régiment d'infanterie. Botrel est plein d'enthousiasme, plein d'ardeur. Il s'est fait seul, et, sa famille ayant été ruinée par de mauvaises spéculations, c'est à l'école primaire qu'il dut borner ses études, mais il a lu, beaucoup lu et il lit encore continuellement, à table, en marchant, même à bicyclette, ce qui lui a valu deux ou trois chutes assez graves.

Théodore Botrel est employé au chemin de fer de Paris-Lyon-Méditerranée, et il y jouit de la sympathie de tous ses chefs. Il a déjà un joli nombre de chansons éditées et a fait jouer, soit au Cercle funambulesque, soit à la Bodinière ou dans différents cercles, nombre de petites pièces : *Pierrot papa*, *La Bombe*, *Le Poignard*, *Chante-pie*, *Le vieux Breton*, *Les Séducteurs*, etc.

Sous les auspices du chansonnier Victor Meusy, Botrel vient de débuter au Chien Noir et il y a pris de suite une bonne place. Il chante ses mélodies bretonnes qui exhalent un exquis parfum de genêts et de lavande, et je citerai : *La Voix des Genêts*, *La Vilaine*, *Ma Bretagne*, *La Voix des Cloches*, *Les Semeurs* qu'il vient de me faire le grand plaisir de me dédier et que j'ai moi, celui de publier ici.

Dans une note plus grave, Botrel chante encore : *L'Océan*, *Ma Paimpolaise*, *Dors mon gâs*, *La Jalouse*, et sa voix, douce et plaintive tout à l'heure, devient étrangement grave, et l'on voit passer en ses yeux comme une flamme, à l'évocation qu'il fait des misères ou des espoirs de nos chers matelots.

Théodore Botrel a à peine vingt-cinq ans et déjà l'on commence à parler de lui, c'est un nom à retenir.

Je donnerai, du jeune chansonnier, deux chansons : 1º *Les Mamans*, avec musique du compositeur Paul Delmet, et, naturellement, *Les Semeurs*. chanson absolument inédite, avec musique de E. Feautrier.

LES MAMANS

Paroles de
THÉODORE BOTREL.

Musique de
PAUL DELMET

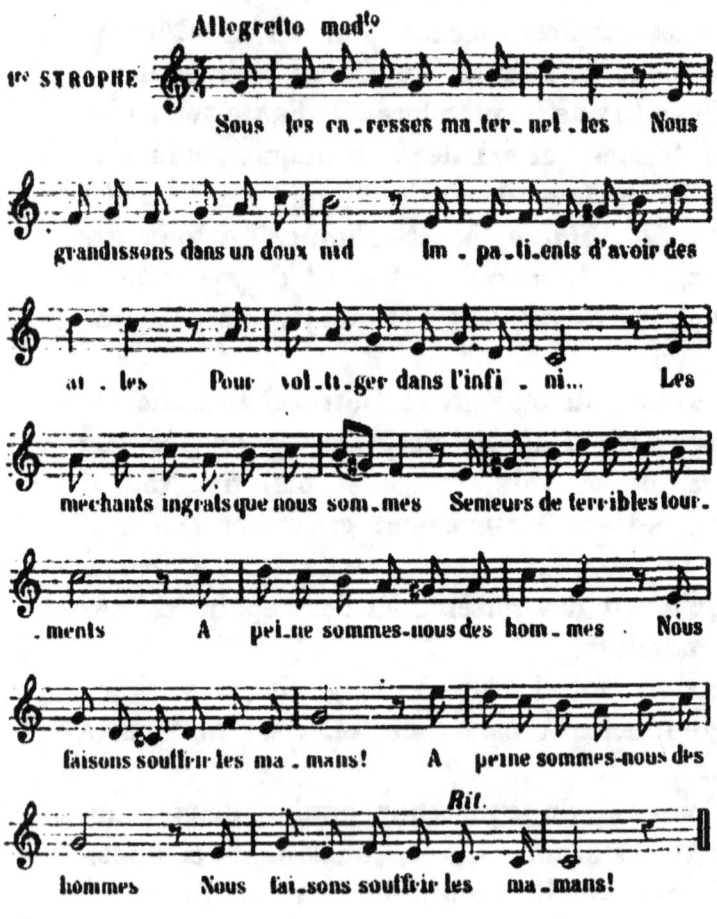

Allegretto mod:o

1re STROPHE

Sous les ca_resses ma_ter_nel_les Nous grandissons dans un doux nid Im_pa_ti_ents d'avoir des ai_les Pour vol_ti_ger dans l'infi_ni... Les méchants ingrats que nous som_mes Semeurs de terribles tour_ments A pei_ne sommes-nous des hom_mes Nous faisons souffrir les ma_mans! A pei_ne sommes-nous des hommes Nous fai_sons souffrir les ma_mans!

Rit.

Publié avec l'autorisation de MM. A. QUINZARD et Cie, Éditeurs-propriétaires,
24, rue des Capucines.

I

Sous les caresses maternelles
Nous grandissons dans un doux nid
Impatients d'avoir des ailes
Pour voltiger dans l'infini...
Les méchants ingrats que nous sommes
Semeurs de terribles tourments
A peine sommes-nous des hommes } bis
Nous faisons souffrir les mamans!

II

Joyeux bambins, chers petits anges
Changés vite en petits démons,
Gazouillez comme des mésanges
Vos gais propos nous les aimons...
Mais comme nous faisions naguère,
Quand défilent nos régiments
Ne parlez jamais de la guerre } bis
Car ça fait trembler les mamans!

III

Lorsque vous serez dans la vie
Livrés à vous-mêmes un jour
Sans défaillance et sans envie
Luttez pour vivre à votre tour...

Et si le sort met en déroute
Les fiers espoirs de vos romans
Ne quittez pas la droite route
Car ça fait pleurer les mamans! } *bis*

IV

Puis redoublez de gentillesse
Lorsque leurs cheveux seront blancs
Pour mieux égayer leur vieillesse
Redevenez petits enfants;
Entourez-les de vos tendresses
Soyez câlins, soyez aimants
Ne ménagez pas vos caresses...
Ça fait tant plaisir aux mamans! } *bis*

LES SEMEURS

Chanson inédite

Paroles de
THÉODORE BOTREL.

Musique de
E. FEAUTRIER

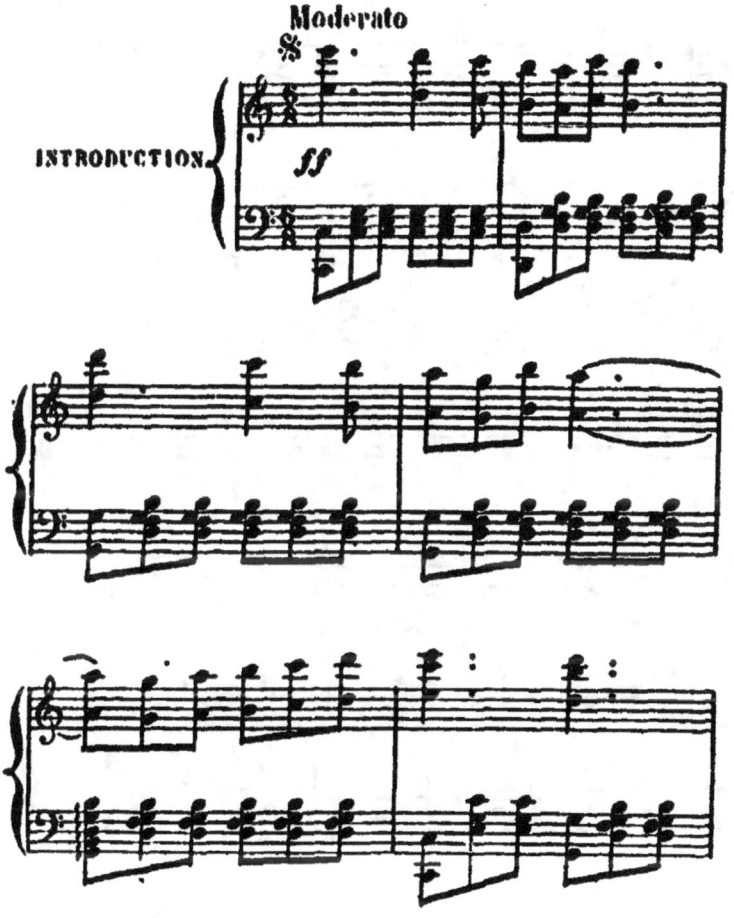

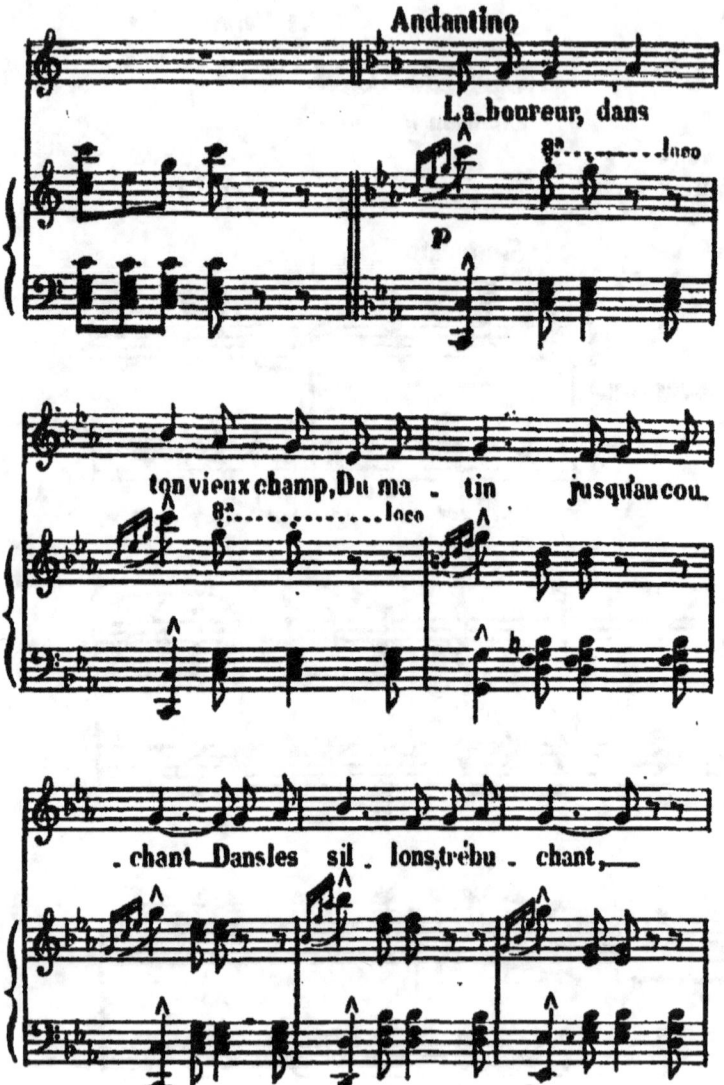

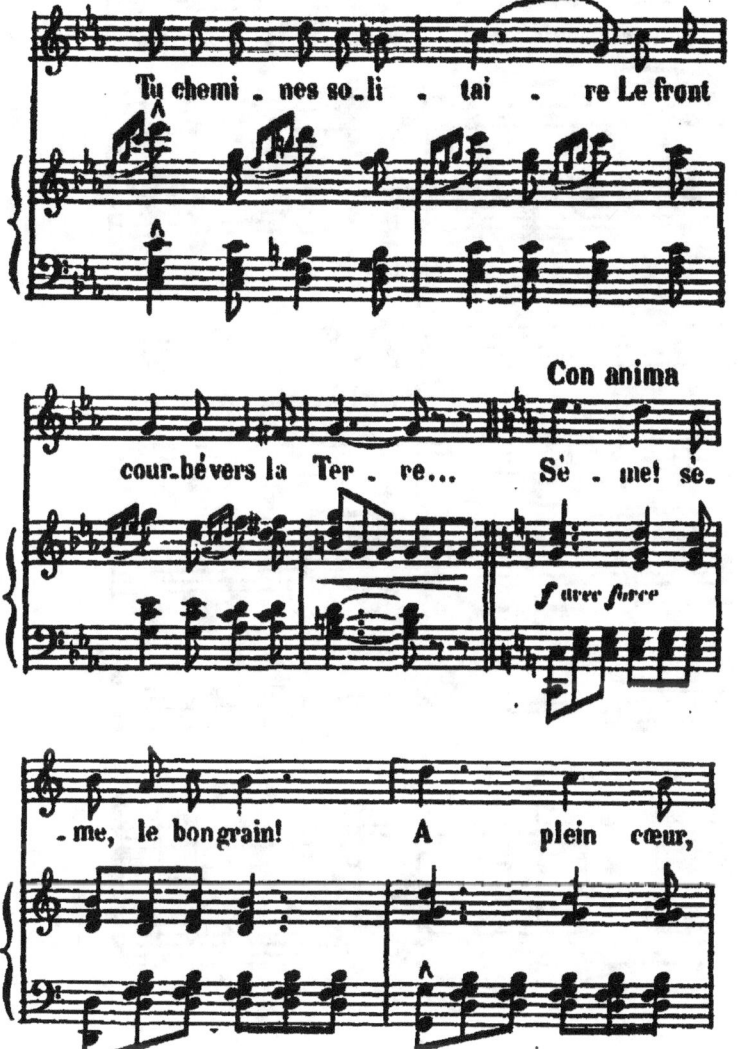

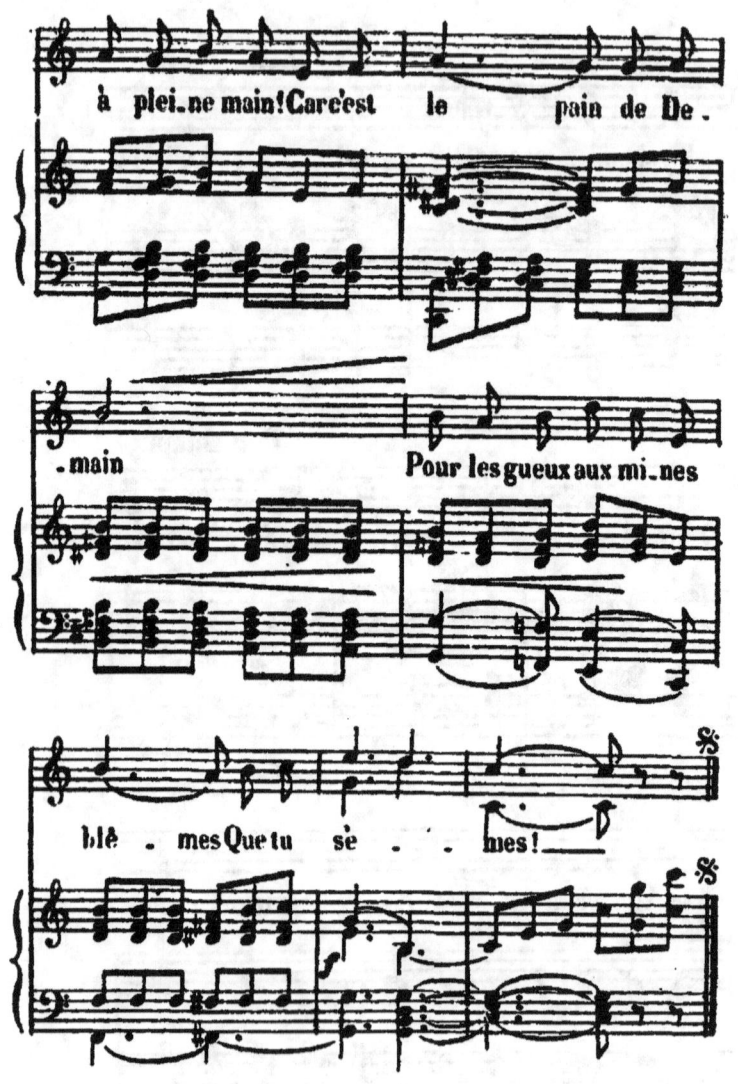

à plei-ne main! Car c'est le pain de De-

-main Pour les gueux aux mi-nes

blê-mes Que tu sè-mes!

I

Laboureur dans ton vieux champ
Du matin jusqu'au couchant
Dans les sillons, trébuchant,
Tu chemines solitaire,
Le front courbé vers la Terre...
Sème, sème le bon grain
A plein cœur, à pleine main
Car c'est le pain de Demain
Pour les gueux aux mines blêmes
    Que tu sèmes!

II

Toi, vieux Maître, qui pâlis
Sur les livres que tu lis
Prends nos chérubins jolis
Et sur les bancs de l'École
Dis-leur la bonne Parole...
Sème, sème à pleine main
L'Idée, au petit bambin
C'est la force de Demain
Pour les batailles suprêmes
    Que tu sèmes!

III

Et toi, Prêtre, qui prédis
Comme le Sauveur jadis,
Qu'il est un doux Paradis,
Agenouillé sur la pierre
Dis-nous encor ta prière...
Sème, sème au cœur humain
L'oubli du cruel chagrin :
C'est l'espérance en Demain,
C'est le pardon des blasphèmes
    Que tu sèmes !

LES 4 Z'ARTS

LES 4 Z'ARTS

Au numéro 62, boulevard de Clichy, éclairés par un très beau vitrail d'Abel Truchet, sont logés les 4 z'Arts, qui ont déjà tant et si bien fait parler d'eux.

Primitivement, le local était occupé par Le Tambourin qui ne vint au monde que pour mieux mourir et céder la place à La Butte, qui ne vécut pas plus longtemps, en but aux luttes les plus diverses, et sous le poids desquelles elle s'effondra un beau matin.

Les 4 z'Arts, sans s'inquiéter de ces deux précédents insuccès, s'établirent à leur tour, 62, boulevard de Clichy et vivotèrent tout d'abord péniblement. De constitution plus robuste, ils supportèrent mieux les jours mauvais et furent tôt récompensés de leur résistance.

Trombert qui avait fondé, au cabaret du Lyon

d'Or, le théâtre des Ombres lyriques avec G. Fragerolle, Goudeau, Marcel Lefèvre, Goudezki et
Moynet et qui, en compagnie de la plupart de ces
artistes avait triomphé dans le Midi, en Belgique

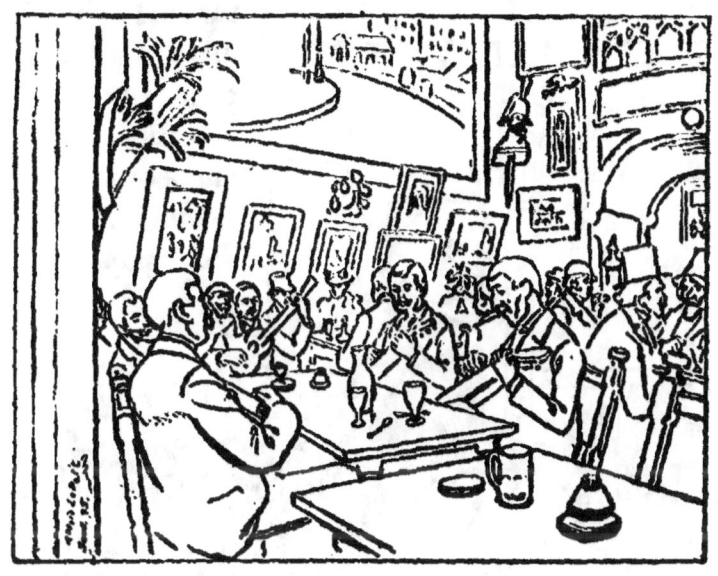

L'apéritif aux 4 z'Arts.

et dans l'Est, prit la direction des 4 z'Arts et leur
donna aussitôt une grande extension. Le public,
un public élégant et nombreux, ne tarda pas à
venir y applaudir les poètes et chansonniers
Victor Meusy, Paul Delmet, G. Tiercy, E. Lemercier, Yon-Lug, Sécot, Fragson qui y fit ses

premiers débuts; Daubry, Xavier Privas, Trimouillat, Ch. de Sivry, Montoya, Marcel Legay, etc., etc.

Yon-Lug, découvert à Lyon par Trombert et
ramené par
lui à Paris,
créa aux 4
z'Arts ses
chansons :
Tonneaux,
Pov' populo

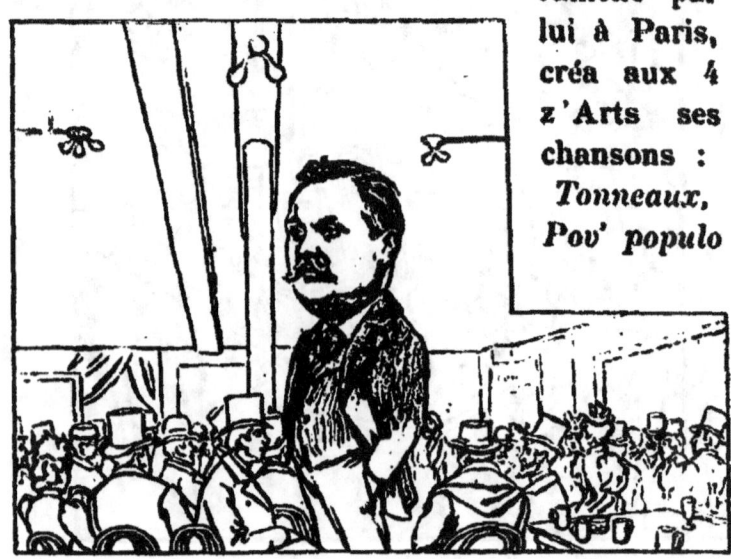

E. Trombert

et la *Ballade des agents*, qui furent un gros succès de curiosité.

Fragson y créa : *Le Benjo, Ma Famille, Les
Bouillottes*, et y interpréta merveilleusement
l'œuvre de Darcier.

C'est également aux 4 z'Arts que fut donnée,

interprétée par les auteurs, des chansonniers, la première revue des cabarets artistiques de Paris, sous forme de dialogues et de chansons. Or, le succès fut énorme, malgré la très réelle difficulté de représenter une revue sans scène, sans mise en scène, par conséquent sans décors, et dont tout l'intérêt devait résider dans la façon de dire des auteurs-interprètes et dans la facture des couplets.

Enfin, désireux de faire des 4 z'Arts un véritable refuge artistique, Trombert a créé des matinées, dont le succès s'est affirmé dès la première, et au cours desquelles sont passées en revue les différents types de chansons consacrées par la popularité.

Et c'est Clovis Hugues qui conférencie et qui, sous ce titre : *Chansons du pays*, explique et fait interpréter la chanson de Provence, par Mmes Galliné, Dariel et la petite Claudie de Sivry; MM. Guiraud de Scévola, le peintre; Raymond, Marcel Legay.

Puis, avec d'autres conférenciers et de nouveaux interprètes, les Chansons bretonnes, analysées par M. Quellien, les Chansons franc-comtoises, présentées par le poète chansonnier Maurice Boukay, et, par région, toutes les chansons de France ayant laissé leurs traces et formé les générations.

Outre le vitrail de Truchet, on remarque aux

4 z'Arts les toiles de Favrot, notamment des clowns étonnants de vérité ; celle de Rœdel, les gravures de Marcelin Desboutins, les dessins ou peintures de Vincent, de Grün, J. d'Étienne

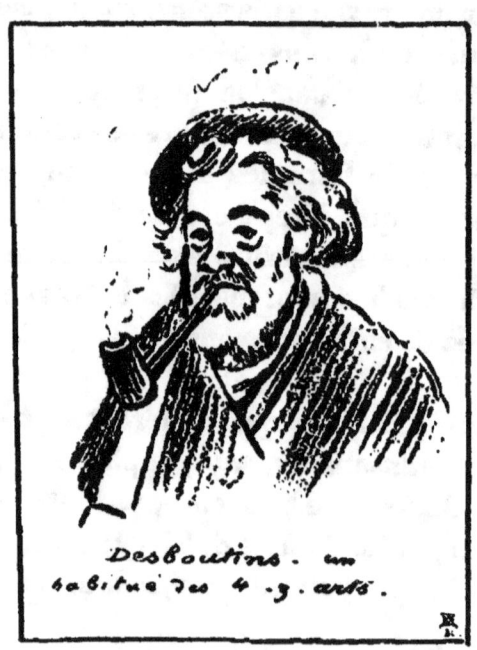

Desboutins. un habitué des 4 .y. arts.

Crön, etc., etc, et l'exposition permanente d'affiches de Chéret, Pal, Truchet, Grün, Ibels, G. de Scévola, etc. Les critiques les plus influents ont visité les 4 z'Arts, et certains soirs le public trop nombreux fait songer aux plus belles salles de nos grands théâtres. A l'heure de l'apéritif, les

4 z'Arts deviennent le rendez-vous des littérateurs et des artistes. On y rencontre notamment : le maître graveur Desboutins, Paul Arène, Jules Arène, quand il n'est pas au Pirée; Clovis Hugues, J. Roques, Degroux, Émile Goudeau, Ed. Lepelletier, Willette, Rœdel, Faverot, de Feure, etc., et le maître de la maison, Trombert, toujours accueillant et toujours à la recherche de quelque chose de nouveau, mais d'artistique.

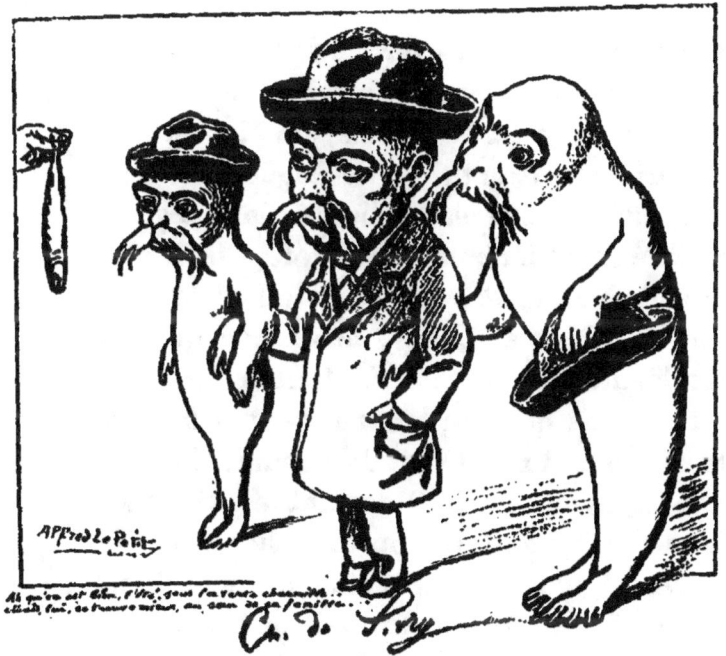

Le maëstro Charles de Sivry, impossible à interviewer. D'ailleurs un volume suffirait à peine à conter son talent et sa vie artistique.

MARCEL LEGAY

De taille moyenne, d'allure bizarre, la barbe soyeuse, les cheveux longs, flottants au vent, le crâne déjà nu, les yeux abrités par un binocle dont le ruban fait songer au prince de Sagan, l'air d'un barde chevelu, un chapeau à bords plats, légèrement incliné en arrière, une redingote à la Napoléon ou à la Déroulède, des pantalons à la hussarde, tel est Marcel Legay, le chansonnier, le musicien bien connu de tous, à Montmartre, l'auteur de chansons que tous connaissent et fredonnent, mais que nul ne saurait dire comme lui.

Marcel Legay est né le 8 novembre 1851, près de Béthune, et il serait devenu tonnelier, selon la volonté de ses parents, s'il n'était devenu chansonnier. En 1870, alors âgé de dix-neuf ans, Legay s'enrôla au 20e chasseurs à pied et fit courageusement campagne avec Faidherbe; puis, la guerre finie, il termina son temps au 43ᵉ de ligne comme clarinettiste.

Sa dette payée à la patrie, Marcel Legay entra au Conservatoire de Lille, et vint ensuite à Paris tenter fortune.

Un directeur du théâtre du Havre l'engagea pour chanter *La Favorite*. Il se lassa vite du théâtre, sa myopie d'ailleurs lui rendait cette carrière difficile, et il revint à Paris, bien décidé à être chansonnier.

Il fit tout d'abord les paroles des airs qu'il composait et devint très rapidement populaire, grâce à la chanson des rues, et notamment à *l'Heure du Rendez-vous,* que tous ou presque tous nous avons fredonnée.

Puis il obtint un succès prodigieux avec la musique qu'il fit pour une chanson de J.-B. Clément, *Le Semeur,* que personne n'avait voulu mettre en musique avant lui, et qui lui valut la célébrité.

Marcel Legay fut un des fondateurs de l'ancien Chat Noir, celui du boulevard Rochechouart, devenu le Mirliton avec Bruant.

Il publia deux ravissants albums, les *Rondes du Valet de Carreau,* préface de François Coppée, texte de G. Auriol et dessins de Steinlein, que tous ceux qui ont de mignons bébés roses devraient avoir chez eux pour les charmer et se charmer

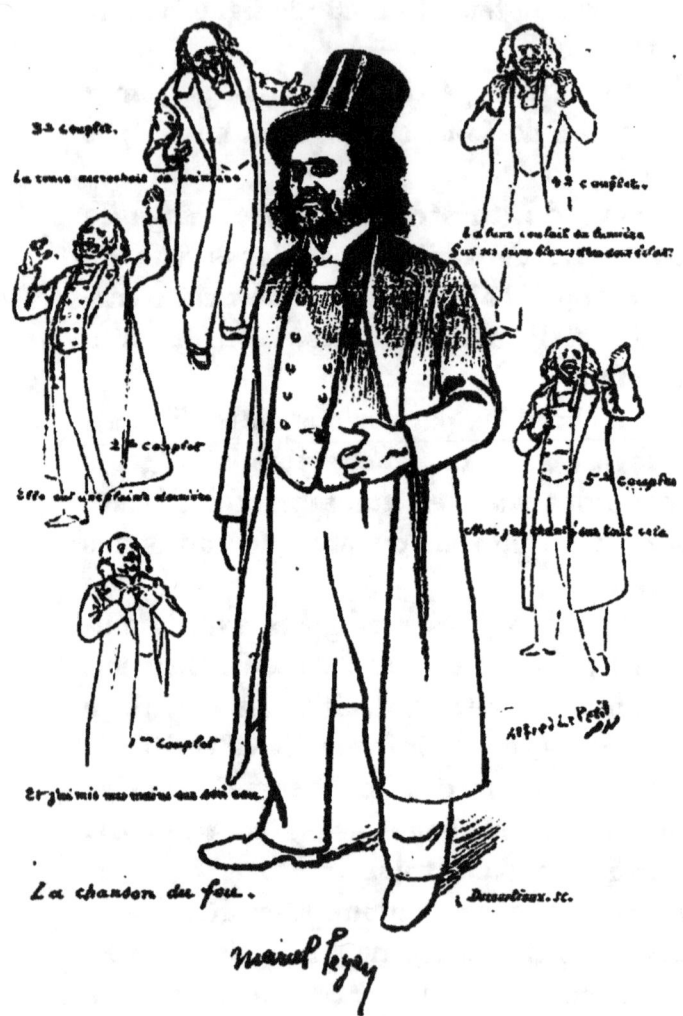

eux–mêmes à l'audition musicale de ces ravissants
petits poèmes, et *Toute la Gamme.*

Legay a groupé dans ce dernier album une quinzaine d'idylles, de romances, de chansonnettes formant un tout charmant et dont la musique exprime de merveilleuse façon la pensée, la rêverie, le sentiment de chaque poète.

Le texte est signé Paul Arène, Th. de Banville, Chincholle, J.-B. Clément, Coppée, Alphonse Daudet, Frémine, Émile Goudeau, Paul Marrot, Monselet, René Ponsard, G. Richard, Richepin, Silvestre, Clovis Hugues, etc., et les dessins Delpy, Heindbrinck, Paul Léonnec, Merwart, Quinsac, Henri Somme, Steinlen, Uzès et Willette, le tout complété par un frontispice en taille-douce du maître Henri Pille.

Longue est la liste des chansons de Marcel Legay, et il conviendrait de s'arrêter à chacune, de l'analyser, si le cadre de cet ouvrage s'y prêtait. Legay a obtenu la sanction du grand public, à l'Eldorado où il triompha après s'être fait applaudir au Chat Noir, au Bon Bock et aux soirées de La Plume, sans compter les fêtes de charité; car jamais il n'a su refuser son concours à une bonne œuvre.

Marcel Legay, et je me sers, pour le mieux dépeindre, des expressions de mon ami Léon Durocher, est l'un des porte-drapeau de la chanson, il restera comme une sorte de « Tyrtée montmartrois, un Tyrtée qui aurait ajouté à la lyre d'airain la corde sensible, un Rouget de l'Isle qui aurait épousé Mimi Pinson ».

Legay est un emballé, un vibrant, c'est un convaincu. Il vit ses chansons, il les pleure, les gronde ou les hurle, selon l'impression qu'il éprouve. Il chante avec ses nerfs, avec son cœur. Il se transfigure !

Durocher dit de lui : « Il dispose d'une diction « très souple qui se prête aux violents *sursum*, « comme au charme voilé des caresses mysti- « ques. Il y a du rêve, de l'au-delà dans sa voix « qu'anime une flamme intense, que veloutent des « tendresses mystérieuses, qu'étoilent des nostal- « gies de cieux entrevus. Cette voix, dont une cri- « tique malicieuse pourrait souligner les lacunes, « le rhéteur Longin l'eût définie en disant : C'est « le son d'une belle âme. »

Marcel Legay, je l'ai dit, est un convaincu, il chante pour lui et quand par hasard il s'aperçoit qu'il n'est pas compris, il raille finement, sans froisser personne, et déclare en souriant qu'il va chanter « une Chanson de café-concert ». Il quitte son lorgnon pour chanter, mais il déclare, en le remettant, qu'il lui sert à mieux entendre, à cause de l'intime corrélation qu'il établit entre les oreilles et les yeux.

Tout le monde connaît le costume spécial de Marcel Legay, sa redingote.

Voici l'explication qu'il me donnait de sa façon de se vêtir. Je la résume.

Legay s'habillait comme tout le monde, et portait des pardessus dans les poches desquels il empilait volumes et partitions, traités d'harmonie, compositions, notes, etc., une véritable bibliothèque, tel faisait Colline, de Murger. Or, quand par hasard il descendait de Montmartre, il s'apercevait en remontant qu'il avait, nouveau Joseph, oublié son paletot aux... patères d'un café quelconque, et la paresse aidant, son horreur de quitter Montmartre, il oubliait sa perte, et se dispensait de descendre rechercher son vêtement. Cela lui coûtait cher. Il réfléchit, s'arrêta au vêtement sous lequel tout le monde le connaît aujourd'hui, et qu'il porte même en soirée, ayant l'horreur de l'habit noir, qui fait ressembler, dit-il, les gens à des « pipes culottées ».

De plus, ce costume lui facilite l'ampleur du geste quand il chante, et Legay ne comprend pas que l'on puisse chanter sans gestes. Il en a de magistrals, et qui ne l'a vu et entendu ne peut se rendre compte de l'impression très vive qu'il produit.

Et maintenant, j'aborderai un sujet tout diffé-

rent, que j'ai réservé volontairement, parce qu'il
comporte une place à part. J'ai parlé de Marcel
Legay, compositeur, chansonnier, admirable interprète de son œuvre; je vais en parler comme in-
novateur, comme révolutionnaire, méprisant les
sceptiques et les préjugés, dédaignant hautement
les sentiers battus et la routine, je vais parler de
celui qui n'a pas craint d'affronter la critique en
la convoquant à l'audition de *La Prose en Musique*.

C'était en 1889. Marcel Legay convoquait les
délicats et la grande critique à une audition unique
de *La Prose en Musique*.

Certes, sans remonter jusqu'à Bach et jusqu'à
Haëndel, on pourrait citer la prose du *Georges
Dandin*, de Molière, mise en musique par Gounod.
On pourrait rappeler aussi que le regretté Cœdès
chantait au piano des articles de journaux dont
il improvisait la musique, qu'Édouard Philippe
s'amusait également à mettre en musique de sim-
ples faits divers, mais cela ne changerait rien à ce
qu'a fait Legay. Il a voulu, en choisissant parmi
les contemporains de genre et de talent divers,
des pages entières de prose, établir en quelque
sorte la genèse du drame lyrique. Il a voulu prouver que le sublime de l'art dramatique est dans le
rendu des sentiments en même temps que des

sensations physiques, et que l'intensité s'atteint
par cela même que l'inspiration des compositeurs
n'est pas resserrée dans les limites d'une phrase
rythmique. Je n'apprécie pas, j'explique. J'ajoute
que Marcel Legay a bien choisi ses pages et ses
auteurs, qu'il s'est surtout bien inspiré d'une
prose sonore, poétique, par elle-même musicale,
mais d'une prose.

Cette idée, implantée dans son cerveau, il a
ainsi constitué la charpente d'un drame lyrique,
bâti de pièces et de morceaux.

C'est ainsi que dans l'*Assommoir*, de Zola, se
servant de la phrase relative à la mort de Gervaise,
il a fait un *arioso* plein de vraie mélancolie. Dans
Renan, il s'est servi du passage relatif à la mort
de Jésus, et en a tiré un magnifique récitatif, d'une
ampleur magistrale, d'une vérité, d'une puissance
produisant une impression profonde.

Il choisit ensuite dans *Le Horla*, de Guy de
Maupassant, le dialogue du gendarme et du vaga-
bond et en fait un duo irréprochable ; puis, d'une
lettre de Victor Hugo invitant Monselet à déjeuner, il tire une mélodie simple, donnant l'impression de la lecture. Il trouve, dans la prose de
Mireille, de Mistral, les éléments d'un cantique
chrétien et d'un *Credo* plein de feu dans *Braves
Gens*, de Richepin. Il entonne après un *Magnificat*

révolutionnaire, de belle allure, avec la prose de Louise Michel, et fournit un final plein de grandeur avec *Le Bourgeois*, de Coppée, dans *Coucher de Soleil*, qui croit tout naïvement que le Soleil se couche uniquement pour lui.

J'ajouterai que, salle Kriegelstein, où eut lieu cette unique soirée, l'œuvre de Marcel Legay fut interprétée par Mlles Janvier, Baldo; MM. Melchissédec, Vergnet, Fournets et Perrier, de l'Opéra.

Tout naturellement, il y eut levée de boucliers et nombre de compositeurs protestèrent, affirmant que, bien avant Marcel Legay, ils avaient trouvé cette formule nouvelle, d'un art nouveau. Parbleu! Or, il convient d'insister sur ce point; c'est que ces compositeurs, pour la plupart, avaient composé leur musique sur de la prose écrite soit par eux, — tel faisait d'ailleurs Wagner, — soit écrite tout spécialement pour être mise en musique.

Legay, tout au contraire, on vient de le voir, avait choisi sa prose dans des œuvres et chez des auteurs bien divers. Aussi laissa-t-il dire, s'étonnant seulement que les protestataires aient attendu la production de son œuvre pour parler de la leur. Legay a cru prouver que le grand drame lyrique pouvait se trouver facilement et en entier dans nos prosateurs français. Et il a eu raison, et les artistes sincères, véritables, tout en discutant, en

critiquant au besoin, lui sauront gré de cette ten-
tative, hardie peut-être, mais utile à coup sûr,
ainsi que l'avenir le prouvera. Ne vaudrait-il pas
mieux mettre en musique de bonne prose que de
mauvais, très mauvais vers?

Et le compositeur Gustave Charpentier, dont on
ne niera ni le talent, ni le succès, ne s'est-il déjà
pas chargé de prouver ce que je me permets d'affirmer ici?

Mais que me voici loin du début de cette biographie. Je m'arrête, et comme mon excellent ami
Marcel Legay, j'attendrai le résultat, très heureux
d'avoir eu la bonne fortune de mêler en cette
inoubliable soirée de la salle Kriegelstein, mes
bien modestes applaudissements à ceux d'un public d'élite, uniquement composé, à part le philis-
tin que je suis, de *dilettanti*.

Et, pour terminer, j'annoncerai que Marcel
Legay, infatigable, vient de faire paraître un
volume : *Chansons douces et Chansons cruelles*,
texte d'André Barde, préface de Jean Richepin.

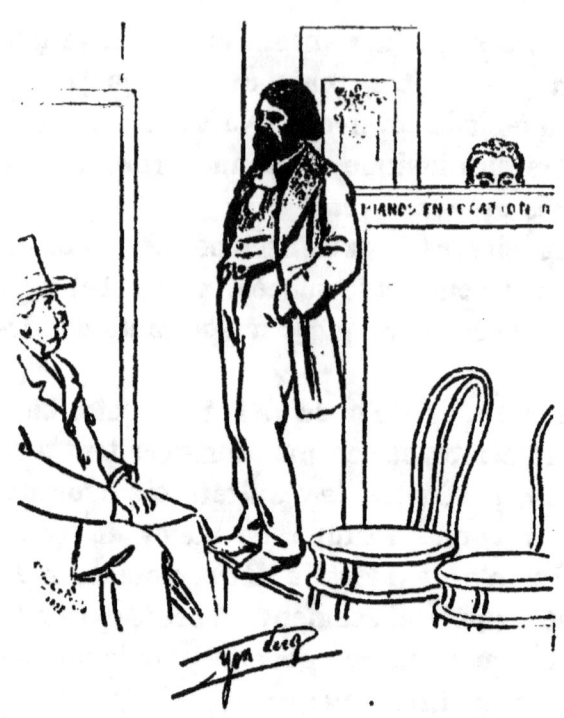

Constant Jacquet, qui se fait appeler Yon-Lug, est né à Lyon en 1864. Il appartient à une vieille famille d'industriels, et il exerçait jusqu'en ces dernières années la profession d'architecte-dessinateur.

Voulez-vous savoir pourquoi il a choisi ce nom étrange de Yon-Lug? Voici l'explication qu'il m'en donne : « On dit à Lyon, couramment, « je suis de « Yon » en avalant l'L ; de plus, Lyon s'appelait

« jadis *Lugdunum*, j'ai pris la première syllabe,
« et Yon-Lug, selon moi, veut donc dire deux fois
« Lyon, voilà, c'est bien simple. »

J'ai fait ce que vous auriez fait à ma place, je
me suis contenté de l'explication, je l'ai notée et
vous la transmet telle quelle. Yon-Lug a un type
étrange, tête d'apôtre, ou de Christ brun, tels
qu'on les représente dans les tableaux primitifs.

L'air continuellement triste, très doux, de relations fort aimables, excellent camarade et très peu
bavard, qualité grande et rare. Yon-Lug vous
chante ses chansons sans qu'un muscle de son
visage tressaille, les deux mains dans les poches.
Seuls, ses yeux parlent, et quand il a fini, sa main
gauche décrit dans l'espace un signe étrange, très
court, très bref, très net. C'est sa façon de saluer.
Il se retire impassible, le geste terminé, sa main
gauche restant dans le vide et comme en l'attente
d'un oiseau qui viendrait s'y poser.

Dès l'âge de seize ans, Yon-Lug, qui fréquentait
beaucoup les sociétés littéraires, y interprétait ses
chansons dont il fait le plus souvent la musique.

En 1893, M. Trombert, aujourd'hui directeur du
cabaret des 4 z'Arts, alors directeur des Soirées du
Lyon d'Or, de passage à Lyon, l'entendit dans une
soirée à laquelle il avait été invité, et, aussitôt,
persuadé du succès qu'il aurait à Paris, l'engagea

fortement à le suivre. Ce n'était pas facile. Sa famille, qui luttait depuis longtemps contre son goût
pour la chanson, se refusait à le laisser partir.
Cependant Yon-Lug obtint de son patron une permission de trois jours et suivit à Arles la tournée
de chansonniers que dirigeait Trombert.

Il eut un gros succès. Il écrivit à son patron,
M. Frédéric Comte, le distingué architecte lyonnais, s'excusa, expliqua, plaida sa cause, et, finalement, resta trois mois en voyage, se faisant applaudir partout où il passait.

Il rentra à Lyon, se reposa un mois dans sa famille qui finit par consentir à son désir le plus
ardent, prit congé de M. Comte pour lequel il professe une grande estime et qui tenait tant à lui,
puis débarqua un beau matin aux 4 z'Arts et depuis n'a plus quitté M. Trombert. A Paris, Yon-
Lug, fut vite connu. Au Cirque Molier, dans les
salons, dans les représentations spéciales, il eut
sa place au programme.

Il faut l'entendre, il faut le voir, on ne raconte
pas l'impression très curieuse qu'il produit.

Une chose à noter : la musique à Yon-Lug est
généralement imitative, et donne par conséquent
la double impression de ce qu'il a voulu exprimer.

Il a un bagage très respectable de chansons,
toutes étranges, originales, très personnelles de

forme et satiriques à souhait. Parmi les plus connues, je citerai : *La Ballade des agents; Les Lanternes rouges; La Purée !* (O pov' Populo); *Les
Tonneaux; Les Chevilles; L'Hydrophobe; La Scie
morale*, etc., etc.

Les chansons de Yon-Lug ont besoin d'être
dites par lui, elles se complètent de son étrange
allure, de sa diction unique et, surtout, de l'into-
nation très particulière qu'il leur donne.

Et maintenant, veut-on connaître, en dehors de
ses chansons si particulières, une autre forme du
talent de Yon-Lug, voici deux pièces de vers, dont
il veut bien me donner la primeur, et qui figure-
ront dans le volume qu'il prépare sous ce titre :
Bible d'Amour.

FINIS CORONAT OPUS

Je voudrais mourir dans l'immense,
Dans cette ineffable démence,
D'un long baiser fait des plaisirs
Passés, fait de tous mes désirs
Et dans l'embrassement extrême,
Le spasme sublime et final,
Briser la maîtresse suprême,
La Mort au sourire infernal !

*
* *

Mais aucun mortel ne commande
Quand la camuse l'appréhende,
Bienheureux qui peut trépasser
En revoyant tout son passé,
Bienheureux celui dont l'armoire,
Le cœur est ouvert à l'esprit
Pour y lire chaque grimoire,
Où le souvenir est inscrit.

*
* *

Lorsque brûlé, je rendrai l'âme,
Un feu follet de blanche flamme,
Je veux avoir la volonté,
« O la dernière volupté »,
D'apercevoir la farandole
Des chères amours m'entourer ;
Au milieu de la ronde folle,
Radieux je m'endormirai.

LE SCAPULAIRE

De tes cheveux qu'on peut tresser
Jusques à terre
O! ma chère, je veux tisser
Un scapulaire!

Je tremperai l'or féminin,
     Dedans un filtre,
Fait d'un amalgame très fin.
     Pour qu'il s'infiltre ;

Puis teint des larmes et du sang
     « Qu'enfants prodigues »
Nous versons à l'amour puissant
     Fleuve sans digues !

Je le placerai sur mon sein
     Où mon cœur danse,
Il lui servira de coussin,
     De Providence.

Que le gris-gris mystérieux
     « Par sa puissance »
Aux offices luxurieux
     Serve d'instance,

Qu'il attire comme un aimant,
     Les démons roses,
Les amoureuses d'un moment
     De douces choses ;

Et sans cesse je volerai
     De folle en folle,
Pour prendre le pollen sucré
     A leur corolle ;

J'aurai dans les ébats païens,
            L'heur angélique,
Des frissons d'elles et des tiens,
            Par la relique.

Si le temps au chiffon frippé,
            Sort l'attirance,
Vers toi ! j'irai le retremper
            Dans notre essence !

Dernière heure. — Yon-Lug, de Lyon, a, nouveau David, dompté le lion sans le concours d'aucune harpe. Il est entré un jour, en effet, dans la
cage des fauves chez Pezon, et là, pendant un bon
quart d'heure, sans la moindre émotion apparente,
sans aucunement précipiter son débit, il a chanté
devant le Tout-Montmartre poète, peintre ou musicien, sa *Ballade des Agents.* Pezon avait chaud,
la séance terminée, car, soit en guise de protesta-
tion contre les agents, soit pour protester contre
l'intrusion d'un chansonnier dans leur *home* grillé,
les lions effarouchés par la crinière brune de Yon-
Lug, manifestaient leurs plus mauvaises dispositions.

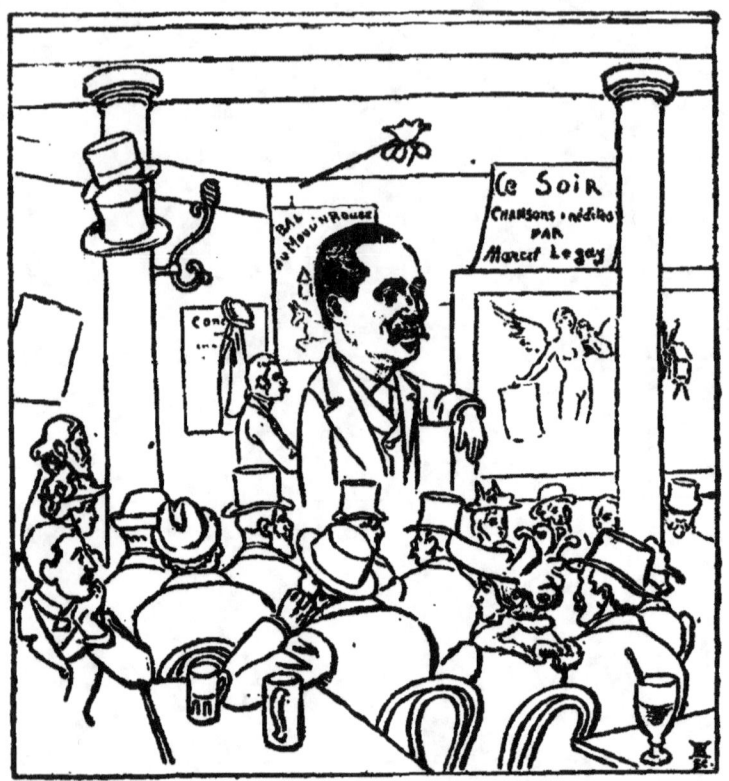

Gaston Sécot .

Né à Paris le 18 mai 1858, Parisien de Paris, qu'il n'a jamais quitté, Gaston Sécot, qui a fait de fort bonnes études, est licencié en Droit, ce qui lui vaut d'être fonctionnaire.

Mon Dieu oui, rond de cuir, Sécot est rond de cuir! mais rassurez-vous, il ne l'est, et si peu encore, qu'aux heures de bureau. Sorti de son cabinet, il dépouille le vieil homme et redevient le charmant camarade à l'esprit vif, gai, le chansonnier applaudi des 4 z'Arts et du Chat Noir, l'auteur de tant de chansons à succès, dont quelques-unes se fredonnent journellement à Montmartre, et sont devenues, pour ainsi dire, populaires.

Sécot fut, avec Paul Delmet et Victor Meusy, l'un des fondateurs du cabaret artistique des 4 z'Arts qu'il délaissa, il est vrai, pendant un an, pour se faire consacrer au Chat Noir où il obtint de vifs succès. Mais, comme le dit la chanson, « l'on revient toujours, oui toujours, à ses premières amours » et Sécot est revenu aux 4 z'Arts et ne les quitte plus. Sécot, contrairement à la plupart des chansonniers, est un musicien distingué, il joue un peu de tous les instruments, mais il excelle sur le violon, et tient plus que joliment sa partie dans un quatuor. En revanche, Sécot parle ses chansons, car, de tous les instruments de musique, celui qu'il possède le moins est l'instrument humain, ses cordes vocales sont réfractaires à l'émission des sons.

Il détaille ses chansons d'une voix brève, nette, cassante. On dirait toujours qu'il adresse un reproche à quelque inférieur, et que pour la circonstance il se revêt de toute sa dignité. Dit d'ailleurs

fort bien, de fort compréhensible façon, et sou-
ligne sans avoir l'air, très spirituellement, les
couplets qui doivent le plus porter sur le public
qui l'écoute, et ne lui marchande pas ses applaudissements.

Gaston Sécot a commis aussi des œuvres sérieuses, il a publié une fort jolie plaquette : *Sonnets
en couleurs* et il me permettra bien d'en citer un
à l'appui de mon dire :

SONNET BLEU

Immobile, très pur, le lac Majeur étale,
Sous un ciel de saphir, le saphir de son eau.
Rien ne ride sa face au loin, qu'un blanc canot
Qui vogue lentement sur cette mer étale.

Le soleil darde encore sa lumière vitale
Qui glisse entre deux monts, comme dans un créneau,
L'ombre des grands oiseaux file, ainsi qu'en traîneau,
Sur le lac déserté pour la cime natale.

Perdus à l'horizon, des vignerons groupés
Montant, à pas égaux, les sentiers escarpés :
La lueur du couchant, de ses rayons obliques

Accroche à leurs raisins des paillettes de feu ;
Et de profil très net, leurs têtes magnifiques
S'auréolent d'or pur sur l'écran du ciel bleu.

Parmi ses chansons les plus connues, je citerai :
*Bérenger, Enquête sur la Marine, Le Musée des
Députés. L'Intimité des Brigades Centrales, L'Héritage du Petit Pousset, L'Incendie, M. Baudin*,
etc., etc. Il convient d'ajouter aussi la série toujours ouverte de ses petites *méchancetés* sur ses
camarades de Montmartre qu'il chansonne et critique à tour de rôle, et qui certes ne sauraient lui
en vouloir.

Un détail pour en finir, Sécot est un pseudonyme. Eh bien! depuis qu'il l'a choisi, Gaston engraisse. Horreur!

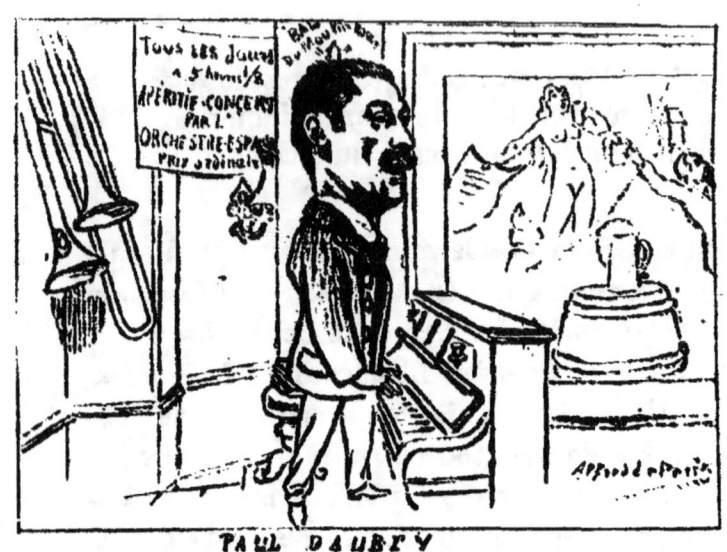

PAUL DAUBRY

Paul Daubry, né au Mans le 4 novembre 1871, appartient à une famille d'artistes et de militaires, touchant à l'aristocratie. Fils d'un brillant officier de cuirassiers, Daubry fut destiné à Saint-Cyr, il fit ses études dans ce but, et brusquement, déçut l'espoir des siens, en annonçant que rien ne l'empêcherait de se consacrer au théâtre ! pour lequel, depuis sa plus tendre enfance, il montrait de grandes aptitudes. Daubry a fait de très sérieuses études de piano, puis ayant triomphé de la volonté paternelle, il prit des leçons de déclamation avec Sadi-Pety et suivit très assidûment, au Conservatoire, la classe de Got.

L'illustre doyen, Mounet-Sully, Maubant, prédirent à Daubry un très brillant avenir comme tragédien. Il se fit en effet remarquer sur plusieurs de nos grandes scènes, mais son père étant mort, après avoir entièrement perdu une très grosse fortune, Daubry, obligé d'aider dorénavant sa mère, abandonna ses études et le théâtre, et mit à profit son réel talent de pianiste-accompagnateur. C'était la vie assurée.

Il fit, sur la demande de quelques chansonniers, la musique de leurs chansons, puis trouvant que ses collaborateurs ne lui donnaient pas assez d'ouvrage, il se mit à manier la rime, s'essaya dans la chanson satirique, politique et mondaine et remporta un très bon succès.

Dès lors il était chansonnier, interprétait lui-même ses œuvres, les faisait éditer et prenait sa place, tout comme un autre.

Daubry a, lui aussi, l'allure d'un officier, c'est un grand garçon, élancé, très affable, travailleur et doué d'une grande volonté.

Il convient de citer, au nombre de ses chansons les plus connues : *Bazar de Charité*, *Rêves de poète*, *A Madagascar*, *Nos Honorables*, *La Nuit de Décembre à l'Élysée*, *Les lamentations de Mirman*, *Les Présidences de Casimir*, dont la Presse a beaucoup parlé. Cette chanson a d'ailleurs motivé la

fermeture pour quelques jours des « Décadents »,
etc., etc. Enfin je citerai, pour terminer, l'une des
dernières chansons de Daubry, très applaudie
chaque soir aux 4 z'Arts.

A MADAGASCAR

I

Après Abd-el-Kader et c' pauvr' Behanzin,
V'la qu'une autr' peuplad' de l'Afrique,
S' basant sur l'exemple de ses deux voisins,
Prend le Français pour un' bourrique.
    Ces insoumis sont les Hovas,
Des bénicochons... que je ne connais pas,
      Il paraît que c' peupl' scélérat
      Se fich' de notr' protectorat!

II

Ayant appris ça par Le Myr' de Vilers,
Aussitôt s'échauffe ma bile,
J' vais trouver Mercier, dont je connais le flair,
Il m' dit : « Faut leur z'y foutre un' pile.

« Crois-en mon vieux flair d'artilleur,
« C'est l' moment d' montrer qu' nous somm's
                              [des travailleurs.
    « Puisqu'on n' respect' pas notre nom
    « Nous allons fair' parler l' canon! »

III

Nous pouvons déjà compter sur un allié
Aussi noir, dit-on, que la lave;
Il paraît que c'est pour ne pas l'humilier
Qu'on lui donn' le nom d' Sakalave!
        Nous s'rons certain'ment victorieux
Car ces brav's gens ont dit, les larm's dans les yeux :
        « Français v'nir à Madagascar :
        « Chouetto! Français est un lascar! »

IV

Or, de cette guerr', voici le résultat :
Madagascar, dans cette affaire,
Va venir encore enrichir notre État
D'un' coloni'... pénitentiaire.
        Nous ref'rons un' population
Avec les marlous, assassins d' profession,
        Et je f'rai v'nir l'ancienn' nation
        Au Jardin d'Acclimatation!

V

J'ai même exigé qu' l'habill' Monsieur Gallet
Compose un opéra-comique;
Le livret est écrit en Sénégalais;
Tamatavienn' s'ra la musique;
    A Tananariv' la scène est;
(L'gouvernement n' recul' devant aucun frais),
    Car la Reine Ranavalo
      Est engagé' par Carvalho.

VI

Vous voyez, messieurs, r'présentants d' la Nation,
Que cett' conquête a d' l'importance.
En tous points elle aura comme conclusion
De donner du r'lief à la France!
    C'est un spectacle vraiment beau
Pour nous qui voulons toujours voir du nouveau,
    Car ça fournit une attraction
      Pour l' commerce et... la distraction!

LE MIRLITON

ARISTIDE BRUANT

Aristide Bruant, le chansonnier populaire, titre
qu'il revendique, dont il est fier, et que nul d'ailleurs ne peut réellement lui disputer, est aujour-
d'hui une figure bien connue de tout Paris — je
n'ai pas dit du Tout Paris.

Personne ne dira mieux et en moins de mots
que ne l'a fait mon déjà vieil ami Georges Courteline, l'aspect de Bruant « Un chien, deux chiens,
« trois chiens, des bottes ! Un pantalon de velours
« à côtes que complète un gilet à revers et une
« veste de chasse à boutons de métal ! Un cache-
« nez rouge au mois de mai, une chemise rouge
« en tout temps ! Sous un vaste chapeau à la va-
« te-faire-lanlaire, la tête, belle et douce, d'un chouan
« résolu. Le passant inquiet s'arrête et interroge :
« — Bon Dieu ! qu'est-ce que c'est encore que ce-
« lui-là ? Celui-là, c'est Montmartre, Montmartre

« tout entier qui prend le frais à sa porte, c'est
« Aristide Bruant, l'auteur de *Saint-Lazare*, né à
« Courtenay (Loiret), le 6 mai 1851. »

Il convient d'ajouter qu'aujourd'hui personne ne
demande plus quel est l'homme à la chemise rouge,
aux bottes et aux chiens, car nul n'ignore Bruant
et son cabaret du *Mirliton*.

Fils de bourgeois aisés, Aristide Bruant vit ses
études interrompues en troisième par des revers
de fortune. C'était un caractère bien trempé que
l'adversité ne devait jamais abattre.

En 1870, à peine âgé de dix-neuf ans, il faisait
partie d'une compagnie franche : *les gars de Courtenay*, et comprenant soixante-dix jeunes hommes
bien déterminés, à peine armés de fusils à piston,
d'armes hors d'usage, mais forts de leur belle ardeur, pleins d'enthousiasme.

L'impression profonde qu'il ressentit à cette
époque se retrouve aujourdhui dans ses chansons
de marche.

La guerre terminée, Bruant vint à Paris et entra à la Compagnie du Nord, puis, pour occuper
ses loisirs, il apprit, tout seul, la musique et s'essaya dans quelques compositions. Doué d'un
réel talent d'observation, attiré vers ceux qui
souffrent, vers les petits, il résolut de se faire le
chantre des misérables, et dès lors les fréquenta,

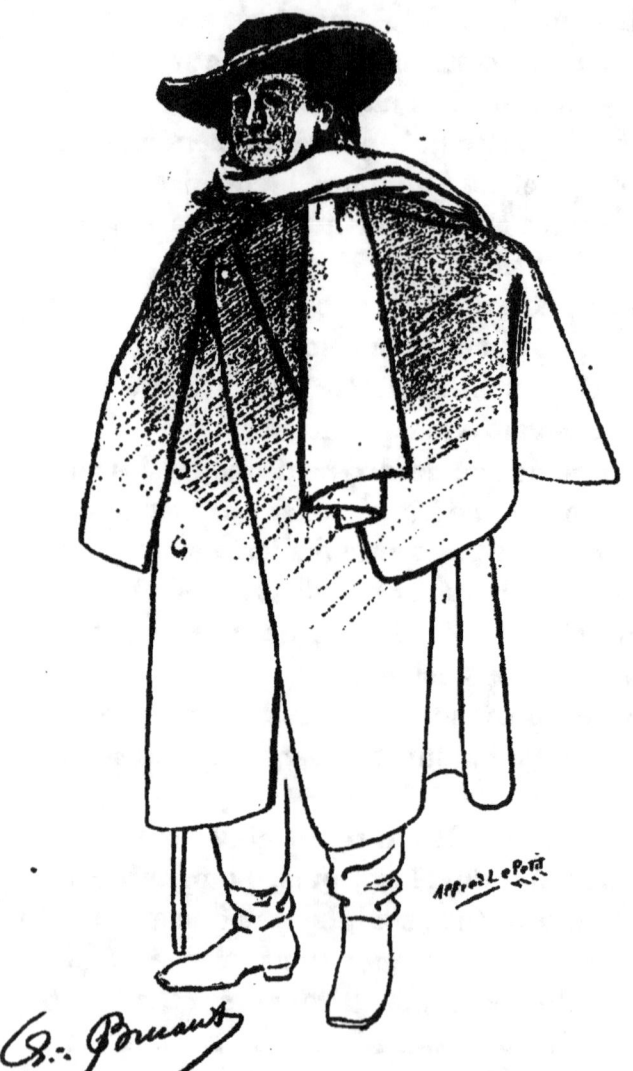

étudiant leurs mœurs, s'assimilant leur langage

et consignant le soir, rentré chez lui, ses obser-
vations dont il devait tirer ses meilleures chansons.

Cependant, il obtenait comme auteur de véritables succès au concert, avec *La Braise, Henri IV
a découché, La femme, C'est pas vrai.*

Cédant à un penchant très prononcé pour le
théâtre, il quitta la Compagnie du Nord et fut aussitôt engagé au concert de l'*Époque*, où il s'interpréta lui-même.

Le succès fut immédiat et la *Scala* se l'attacha
presqu'aussitôt, et son apparition en scène déchaî-
nait chaque soir des tempêtes de bravos. Rapidement écœuré par la vie de coulisses et les basses
intrigues des cabots, pour la plupart sans valeur,
il reprit sa liberté — sa seule et grande passion —
et ne se fit plus entendre que dans les cabarets
artistiques, et notamment à l'ancien *Chat Noir*, où
il créa : *A la Villette ; La Marche des dos*, et la
plupart de ses chansons de quartier.

Il se composa, dès ce moment un répertoire spécial de chansons et de monologues, véritables
études prises sur le vif, et le *Chat Noir* ayant
abandonné le boulevard Rochechouart pour s'installer en son hôtel de la rue Victor-Massé, Bruant
prit bravement sa succession, et sous ce titre : *Le
Mirliton*, créa le cabaret fameux que chacun sait,

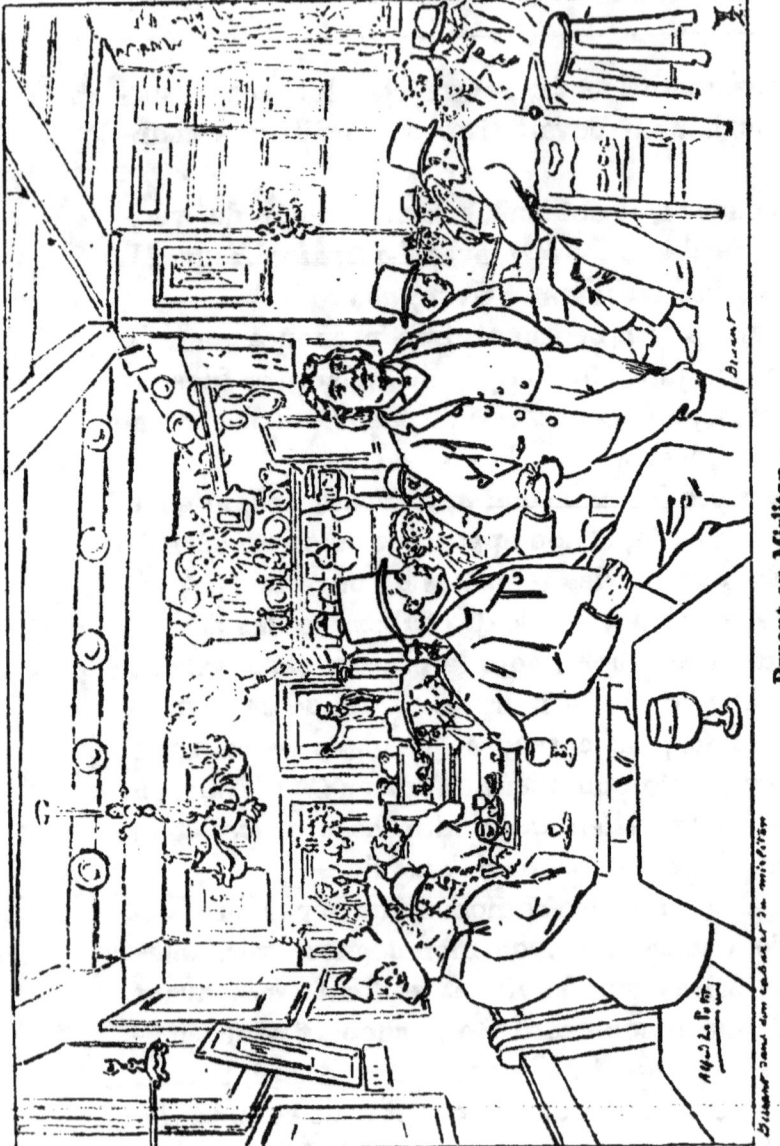

Bruant au Mirliton.

et où, chaque soir, il interprète ses œuvres, à partir de dix heures, car l'établissement reste fermé tout le jour, et quelquefois de longues semaines, quand le maître du lieu part triompher en province.

Et il faut le voir, exerçant *la plus exquise grossièreté*, tutoyant l'un, eng..... l'autre, mais respectant l'armée française qui a droit, en la personne de son moindre pioupiou, à un ban, auquel tous s'associent avec frénésie, il faut le voir, allant, venant, se dandinant et jetant comme un défi, comme une menace, comme un cri de pitié, ses strophes nerveuses, ses refrains mordants et cruels.

Raconter Bruant, essayer d'expliquer l'impression qu'il dégage est difficile. C'est l'entendre qu'il faut.

Bruant a fait paraître deux volumes d'une amère gaité, d'une philosophie des plus noires, véritables modèles du genre : *Dans la Rue*. En 1892, il a été reçu membre de la Société des Gens de Lettres, et voici en quels termes son premier parrain, François Coppée, le présenta :

« C'est avec plaisir que je présente à mes chers « confrères du Comité des Gens de Lettres, le bon « chansonnier Aristide Bruant et que je lui sers « de parrain.

« Je fais grand cas de l'auteur de : *Dans la Rue*,

« et je le tiens pour un descendant, en ligne directe,
« de notre Villon. Rien de *livresque*, rien d'artifi-
« ciel dans ses vers, d'un jet si naturel, d'un ac-
« cent si populaire.

« En sortant de la *Chambre des horreurs* de son
« livre, on emporte cette pensée triste, et conso-
« lante à la fois, que le vice et le crime con-
« naissent la souffrance, et que les monstres sont
« à plaindre.

« Ce poète, sincère jusqu'au cynisme, mais non
« sans tendresse, cherche ses inspirations dans le
« ruisseau ; mais il y voit aussi briller un reflet
« d'étoile, la douce pitié. »

Je crois qu'après le maître, rien n'est à ajouter.
Aristide Bruant a fondé un journal : *Le Mirliton*,
admirablement illustré par Steinlein.

En première page paraît toujours, paroles et
musique, une chanson de Bruant, ou celle d'un
auteur en vogue, le reste est consacré aux infor-
mations théâtrales, ce qui rend de très réels et
très grands services aux artistes.

Bruant a triomphé aux Ambassadeurs, puis en
province, à Orléans, à Marseille, à Lyon, puis à
Bruxelles.

Je ne dirai pas l'ami sûr, dévoué et discret qu'est
Bruant, je ne décrirai pas son château des Saules,
perché tout là-haut, sur la butte Montmartre, je

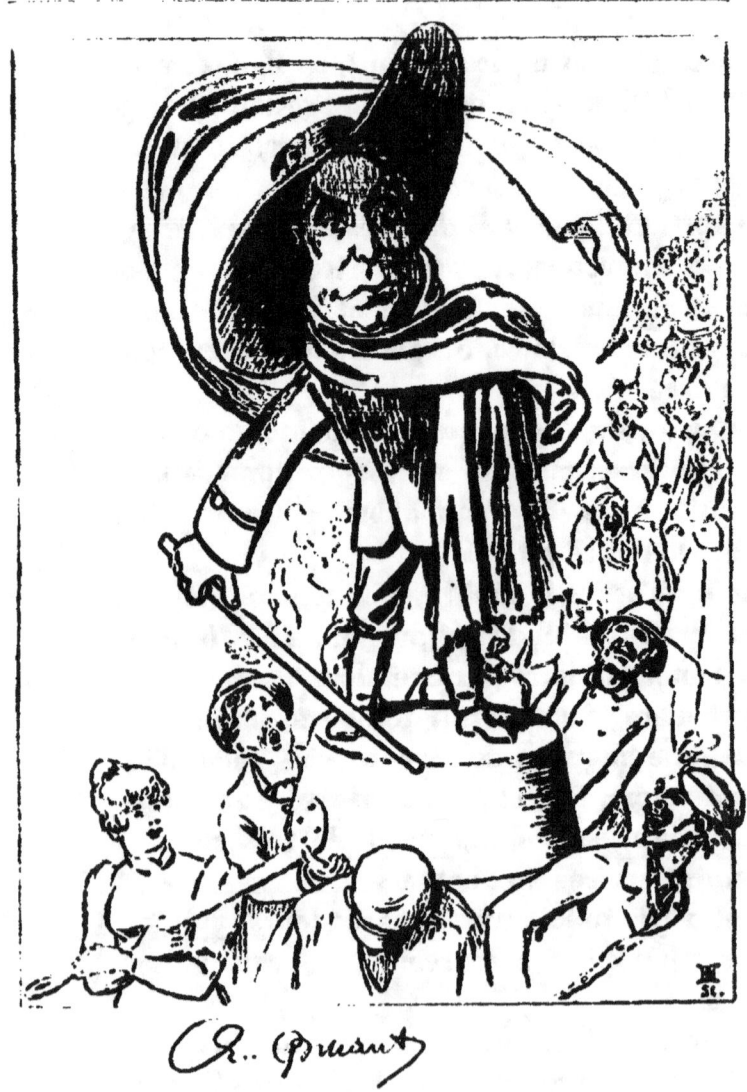

ne parlerai pas des heures charmantes qu'on y

passe, et de l'exquise réception qu'on est certain d'y recevoir, mon cher ami Oscar Métenier auquel j'ai emprunté bien des détails (je ne pouvais mieux choisir) a publié une petite plaquette qu'on ne trouve plus que difficilement d'ailleurs, et dans laquelle il donne, beaucoup mieux que je ne saurais le faire, les détails les plus complets sur notre ami Bruant, le chansonnier populaire, l'auteur acclamé de — pour ne citer que cela : *Le côtier ; A Saint-Lazare : A la Villette ; Gémnay ; Les petits joyeux ; Aux bat-d'Af ; A Biribi ; Au bois d'Boulogne ; La Noire ; A la Glacière*, etc., etc., etc.

Enfin, pour terminer ces courtes notes, j'ajouterai que Bruant a eu de nombreux imitateurs, que quelques jeunes artistes de concert ont essayé de monter, dans différents quartiers, des établissements similaires au *Mirliton*, établissements qui d'ailleurs se sont ouverts pour se fermer aussitôt, tant il est vrai qu'il y a des choses qu'on n'imite pas.

Bruant a été imité dans ses bottes, dans son chapeau, dans son costume enfin..... et puis..... c'est tout.

Bruant reste Bruant..... tout seul.

LE CARILLON

LE CARILLON

En 1893, G. Tiercy fonda le Carillon, rue de La Tour-d'Auvergne, au coin de la cité Milton, dans l'ancien hôtel de Lesdiguières, et conquit assez vite le succès en faisant entendre chaque soir, à ses nombreux visiteurs, poètes, chansonniers, et quelques artistes de valeur. La soirée terminée, on descendait au rez-de-chaussée, et l'on organisait une goguette où chacun pouvait se faire entendre, et c'était une occasion agréable de passer encore quelques instants.

G. Tiercy était le grand maître du lieu, chaque soir il se faisait entendre, et s'accompagnant au piano, il interprétait à lui tout seul un grand opéra qu'il avait composé, et dont il chantait d'inénarrable façon tous les rôles, y compris les chœurs.

Il interprétait aussi les chansons dont il est l'au-

teur et se faisait applaudir à côté de Henri Dreyfus, de Lindex et de quelques autres.

Tour à tour, Mme Louise France, Mévisto, Bous-
sagol et bien d'autres s'y sont fait ou s'y font
encore applaudir.

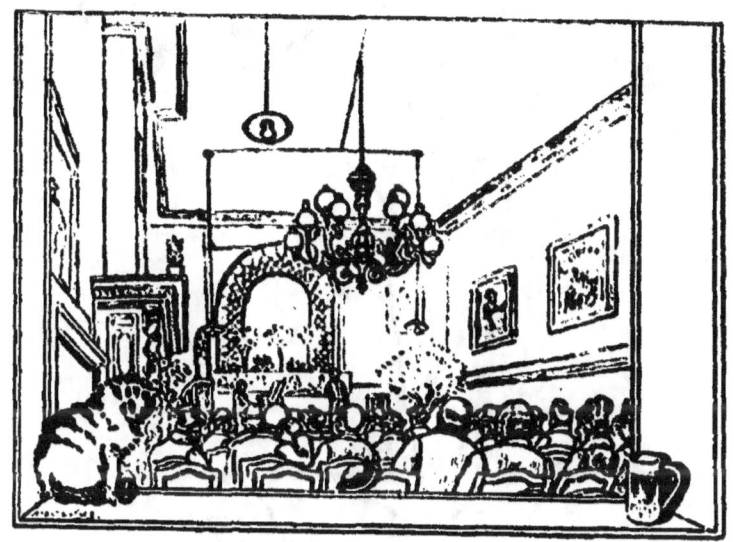

Le Carillon. — Salle de spectacle.

Cependant, cette année, Tiercy abandonna la
direction pour entrer au concert, et ce fut Millanvoye qui devint propriétaire-directeur du Carillon,
avec, pour directeur artistique, mon confrère et
ami Henri Dreyfus (Fursy).

Millanvoye a, pendant une quinzaine d'années,

appartenu au journalisme, c'est un littérateur, un poëte. Il a appartenu successivement aux rédac-

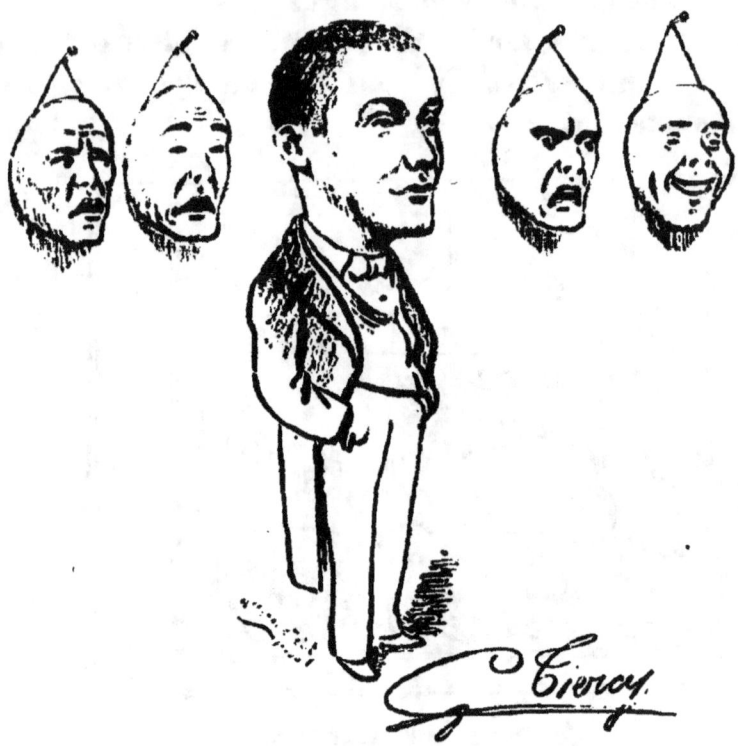

G. Tiercy, fondateur du Carillon.

tions de *La Lanterne*, du *National*, où il fit la chronique en vers; de *L'Intransigeant*, de *La Presse* et du *Beaumarchais*, dont il fut un des fondateurs.

Comme correspondant militaire du *National* et
du *XIXᵉ Siècle* il fit, ou mieux, suivit la campagne
Russo-Turque en Arménie (1877).

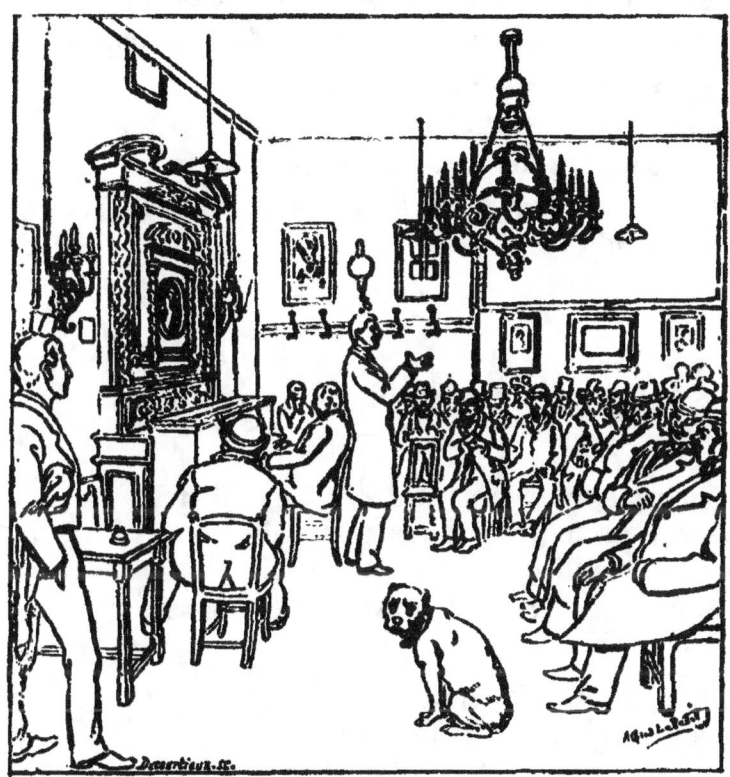

Le Carillon. — La Goguette, salle du bas.

Au théâtre, il a fait jouer à la Comédie-Française et à l'Opéra-Comique : *Le Dîner de Pierrot*,
à l'Odéon, *Le Docteur Mirimus*, puis à Déjazet,

Régine, comédie en cinq actes, sans compter nombre de pantomimes.

Comme romancier, je citerai parmi ses œuvres principales : *Les Coquines, La Belle Espionne, Le Petit Bossu, La Chanteuse des Rues, La Vierge du Sérail, Madame Rasta*, etc., etc.

J'ajouterai qu'il a fait paraître un grand nombre de vers, dans divers journaux ou revues, et je pu blierai ceux qui suivent et qu'il veut bien m'adresser. Ils sont inédits :

QUIÉTUDE

Tu fus douce à mon cœur et docile à mes lèvres ;
Ton sourire fut bon, bienfaisant ton baiser.
Un regard t'a suffi, Chère, pour apaiser.
La flamme de mon rêve et le feu de mes fièvres.

Tranquille, je jouis de tes caresses mièvres ;
Je m'endors, satisfait d'avoir pu niaiser
Avec mes sens sur qui ton sommeil vient peser,
Et j'oublie, à t'aimer, l'amour dont tu me sèvres.

Chaste et sage, depuis que je suis ton amant,
Je me repose en toi, comme en un firmament

Où l'on verrait fleurir sous la neige des roses,
Où de pâles soleils claireraient sans arder,
Où les anges, toujours joyeux, jamais moroses,
N'auraient d'autre bonheur que de se regarder.

BERTRAND MILLANVOYE.

M. Millanvoye, très vaillamment secondé par son excellent lieutenant Henri Dreyfus, qu'il laisse diriger seul le spectacle, a l'intention d'organiser en son hôtel, pour la saison prochaine, des soirées absolument artistiques, et son passé est un sûr garant qu'il saura tenir ses promesses.

Le Carillon est admirablement aménagé d'ailleurs. La salle du rez-de-chaussée, la salle de spectacle au premier, puis au-dessus, — mais cela tout privé — les appartements de Millanvoye, avec un adorable atelier-bureau et une vue certainement unique de tout Paris, sans compter le jardin et le pavillon oriental permettant des représentations d'été, se prêtent admirablement à tous les désirs du nouveau propriétaire, dont le goût très sûr permet de beaucoup espérer.

En attendant, le joyeux Carillon sonne, sonne, sonne, et chacun d'accourir à cet appel vibrant.

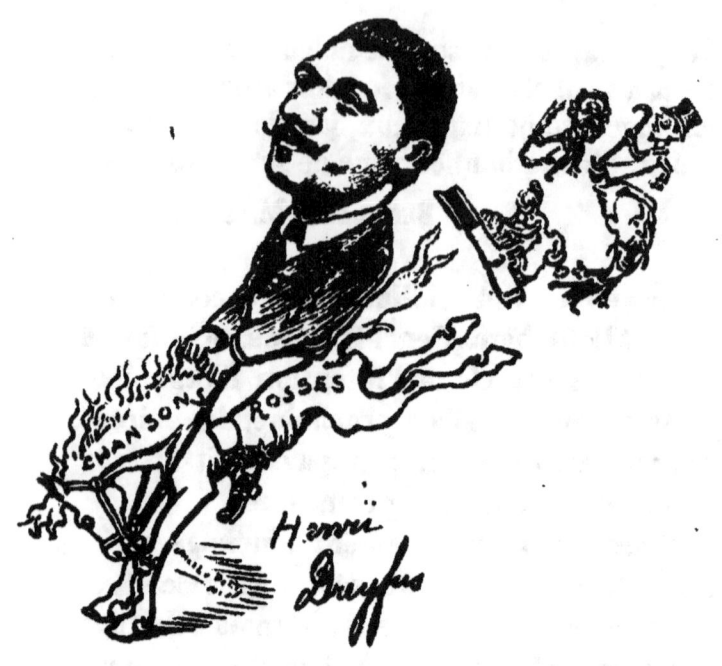

Henry Dreyfus, qui signe généralement du pseudonyme de Fursy, ses articles ou ses chansons,
est né à Paris, le 26 février 1866, à la même date,
sauf le millésime bien entendu que Victor Hugo,
a-t-il soin d'ajouter avec un sourire.

Dreyfus, reçu bachelier après de bonnes études
faites à Colbert, se destina au commerce pour
lequel il se sentait une vocation. Il entra donc dans
une maison de draperies en gros et, presqu'aussitôt la vocation disparut. Les circonstances le

conduisirent comme comptable à la Banque Natio-
nale que dirigeait Émile de Girardin, propriétaire
du journal *La France* et du *Petit Journal*. La
banque cessant d'exister, Dreyfus, toujours en qualité de comptable, entra chez Chevet au Palais-
Royal. Il était écrit qu'il ne ferait pas long stage
dans les maisons où il travaillait. En effet, Chevet
ayant vendu sa maison, Dreyfus fut tout heureux
et tout aise d'accepter un modeste poste de son
emploi, chez Brun, rue des Halles, marchand d'é-
piceries et de brosserie. Le voilà donc remplissant
des factures, de sept heures du matin à sept heures
du soir, pour un gain des plus modestes, 150 francs
par mois. Pour se distraire, Dreyfus composait des
monologues.

Très épris d'indépendance, arrivant en retard,
protestant contre le peu de temps qu'on lui accor-
dait pour déjeuner, il reçut un congé poli. On le
pria de se chercher une autre place. Dès lors il ne
se gêna plus et s'absenta fréquemment la journée.
Un jour, pris d'une fringale, il s'échappa, entre
deux factures, et s'en fut chercher un petit pain,
chez le boulanger voisin.

Le hasard lui fit rencontrer un de ses camarades
de collège, alors rédacteur au journal *La France*
que dirigeait Charles Lalou. Dreyfus, recommandé
par son ami, fut accepté en qualité de comptable,

puis, quelque temps après, Bonvalet étant mort,
Lalou le prit en qualité de secrétaire.

Dès lors, abandonnant les chiffres, Dreyfus fit
du journalisme et collabora à *La France*, au *National*, à *L'Éclair*, à *La Bataille*, au *Rappel* et
enfin à *La Liberté* et à *La Lanterne* où il rédige
d'ailleurs encore actuellement.

Entre temps, Henry Dreyfus, pour s'amuser,
récitait fréquemment les œuvres des autres, dans
les soirées auxquelles il assistait. Il se mit à écrire
des monologues, à composer des chansons.

Il a fait, avec le chansonnier Teulet, Salle des
Capucines *La Revue de la Semaine* en chansons,
qui eut beaucoup de succès. Paulus, a interprété
bon nombre de ses chansons.

A la Bodinière, avec Tarride l'excellent artiste
des Nouveautés, Dreyfus a fait plusieurs conférences, au cours desquelles Mlle Milly-Meyer interprétait ses chansons et. notamment, *Les Pianistes*,
un petit chef-d'œuvre.

Dreyfus a fait jouer, au théâtre de la Gaité, au
cours d'une fête donnée par *Le Petit Journal*:
Les deux Cuisinières, un délicieux petit acte interprété par Mlle Milly-Meyer et Albert Brasseur.

Parmi ses chansons les plus connues, je citerai:
Les joyeux Fêtards, *La Cause philanthropique*,
Lamentations d'un Patineur, *Nos Concierges*,

Soireux, Repos à la Mer, et au nombre de ses chansons d'actualité, toutes marquées au bon coin de l'ironie que d'ailleurs sa physionomie, son œil rieur et narquois indiquent à première vue : *Le Panama, Daumont présidentielle, La Question des Taureaux, Aubade de Zola à l'Académie*, sur l'air de *Bonjour Suzon*, d'Émile Pessard, avec ce refrain : « Bonjour, Maison », etc.; puis, enfin, *Lettre d'un gardien de Mazas à sa femme.*

Henry Dreyfus a sous presse un volume : *Chansons Rosses.*

Nota Bene. — Est officier d'Académie, très bon camarade, très travailleur et très désireux de réussir. Est d'ailleurs en très bonne voie, et ne compte plus ses succès au concert.

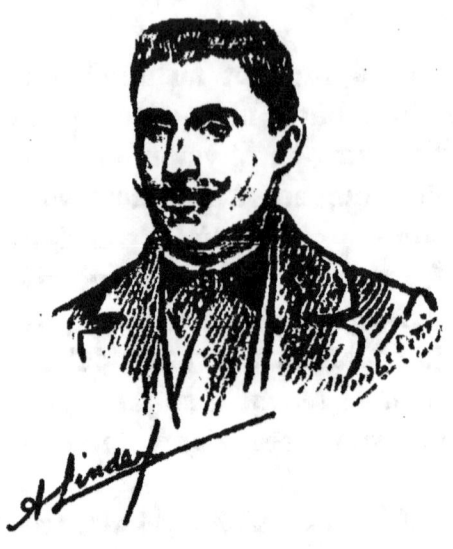

A pris ce pseudonyme, sous lequel il cache jalousement son nom véritable, avec l'intention bien arrêtée, et j'ajouterai très justifiée, de montrer au doigt les ridicules et les travers de notre époque.

Lindex est un grand garçon blond de vingt-cinq ans. Il a l'allure d'un officier. C'est un jeune qui, après d'excellentes études se destinait à l'enseignement. On le soupçonne même fortement d'en faire partie, mais soyons discret, puisque c'est à l'insu de sa famille qu'il compose ses chansons et les interprète.

Lindex a toujours peur d'apercevoir quand il chante, quelqu'un de sa connaissance... et pour cause.

Il tournait le couplet en amateur, pour se reposer des ouvrages sérieux qu'il préparait lorsque l'incident suivant l'incita à devenir chansonnier.

Un jeune artiste d'un théâtre de Paris, auquel il montrait les chansons qu'il avait composées, lui offrit d'en interpréter une, que Lindex lui confia. Le jeune et délicat artiste s'empressa de la démarquer légèrement, il la signa puis sollicita Léon Xanrof de le recommander à un éditeur qui la lui acheta.

Il n'eut ensuite rien de plus pressé que d'annoncer la chose à Lindex, ajoutant que cela n'avait aucune importance et que cela ne l'empêchait nullement de faire chanter la chanson primitive.

Lindex, justement indigné d'un pareil procédé, se fit indiquer l'adresse de Xanrof, s'y rendit et expliqua à ce dernier ce que je viens de brièvement raconter. Xanrof, complètement édifié, causa longuement avec Lindex, lut ses chansons, les trouva de son goût et, finalement lui offrit de collaborer.

La chanson, cause première de leurs relations : *Pour une Fleur*, refaite alors en collaboration, fut créée par Kam-Hill, à l'Eldorado.

Pendant quatre années, Xanrof et Lindex se quittèrent peu. Lindex causait beaucoup, ébauchait mille plans, mille projets, mais travaillait peu. Très réfractaire à la collaboration, son traité avec Xanrof, un traité de cinq années, s'il vous plaît, fut rompu d'un commun accord.

Entre temps, Lindex avait, en amateur, interprété ses œuvres, et dame, comme il avait, dans son indépendance, chantonné et quelque peu critiqué les chansonniers, il se fit quelques ennemis.

Son service militaire terminé, sentant autour de lui une légère animosité, il se retira sous sa tente.

Les applaudissements, le mouvement lui manquèrent bientôt, et son ami Eugène Lemercier, venant de créer Les Éléphants, il ne résista pas à son appel et de nouveau se fit entendre.

Tiercy l'appela au Carillon, et l'on peut dire que c'est véritablement là qu'il fit connaître réellement ses œuvres et qu'il remporta et remporte encore chaque soir un très légitime succès, ses chansons ayant toutes, en dehors de leur valeur propre, une allure littéraire des plus soignées. Signe particulier : a horreur de la banalité, et ne livre au public une chanson nouvelle que lorsqu'il en est, le premier, entièrement satisfait et quand la forme lui semble parfaite. Est d'ailleurs un très bon juge.

Je citerai ses *Chansons amicales*, titre d'une exquise ironie, étant donné la teneur des couplets ; ses *Chansons typiques*, également pleines d'ironie et de fine observation. Voulez-vous des titres : *Les*

Ingénues, interprétée par Félicia Mallet, au cours d'une conférence de M. Lefèvre, à la Bodinière; *A travers Champs, Noce Bourgeoise, Les Omnibus funéraires, Les Femmes mariées, Les Bureaux d'omnibus, Les Promenades dominicales, Les Enterrements, Les Parigots*.

D'autres encore, où la vie est toujours envisagée (déjà!) sous « son aspect ridicule et bête »; la phrase est de lui : *L'Autopsie, Pas Veinard, Mon pauv' God'froy, Amours Parisiennes, Éducation sentimentale*, etc., etc.

Lindex, et il l'affirme hautement, « n'a pas fait, ne fait pas, et ne fera jamais la chanson de café-concert ».

Il prépare, illustré par Grün J., un volume : *Chansons amicales !!!* et travaille la comédie satirique.

L'ANE ROUGE

L'ANE ROUGE

Avenue Trudaine, contigu à l'Auberge du Clou, se trouve le cabaret de l'Ane Rouge, installé dans le petit local moyen âge en forme de boyau où était installé, jadis, le cabaret de La Grand'Pinte, rendez-vous d'André Gill, Paul Arène et quantité de peintres et de littérateurs.

En 1891, Gabriel Salis y installa l'Ane Rouge, sous les auspices du maître dessinateur Willette. Au dîner d'inauguration offert par Salis s'étaient réunis, sous la présidence d'Alphonse Allais, Camille de Sainte-Croix, d'Esparbès, G. Auriol, Blavet, Paul Delmet, le sculpteur Camelle, d'Abzac, votre serviteur et bien d'autres.

Très rapidement les artistes adoptèrent ce petit coin si frais, si agréable l'été. Le peintre de Feure, qui s'est fait un nom depuis, couvrit les murs de peintures allégoriques très remarquées. D'autres apportèrent leurs œuvres, et Salis forma une fort jolie galerie de peintures et de dessins signés : Rœdel, Gras, Henri Somme, Méry, Steinlein, H. Rivière, Uzès, Lunnel, Cathelin, Truchet, Riberoye, Grün, J. Bellenger et Willette. Camelle y figure en bonne place, avec sa fort belle *Judith* et plusieurs bustes, affirmant son talent d'ailleurs officiellement consacré.

A l'heure de l'apéritif, on rencontre souvent à l'Ane Rouge : Ed. Lepelletier, Willette, G. Grison, Ch. Chincholle, Paul Arène, Norès, Courteline, Marsolleau, Gustave Charpentier le compositeur, Henri Pille, Ibsen, Gervex et le peintre Osterlend.

Le soir, poètes et musiciens y interprètent leurs œuvres, et l'on y a fréquemment applaudi Paul Delmet, Paul Marot, Hector Sombre, Pierre Trimouillat, Xavier Privas, Ivanoff, Lemercier, Lindex, Joyeux, Montoja, Meusy, Marcel Legay, Yon-Lug et Sécot.

Des artistes de l'Opéra, du Concert ou des théâtres, s'y sont également fait applaudir; le compositeur Vasseur s'y est quelquefois mis au piano, et Verlaine y a fait plusieurs conférences très applaudies.

Gabriel Salis, une singulière sonnette à la main pour rétablir le silence, préside à ces soirées et

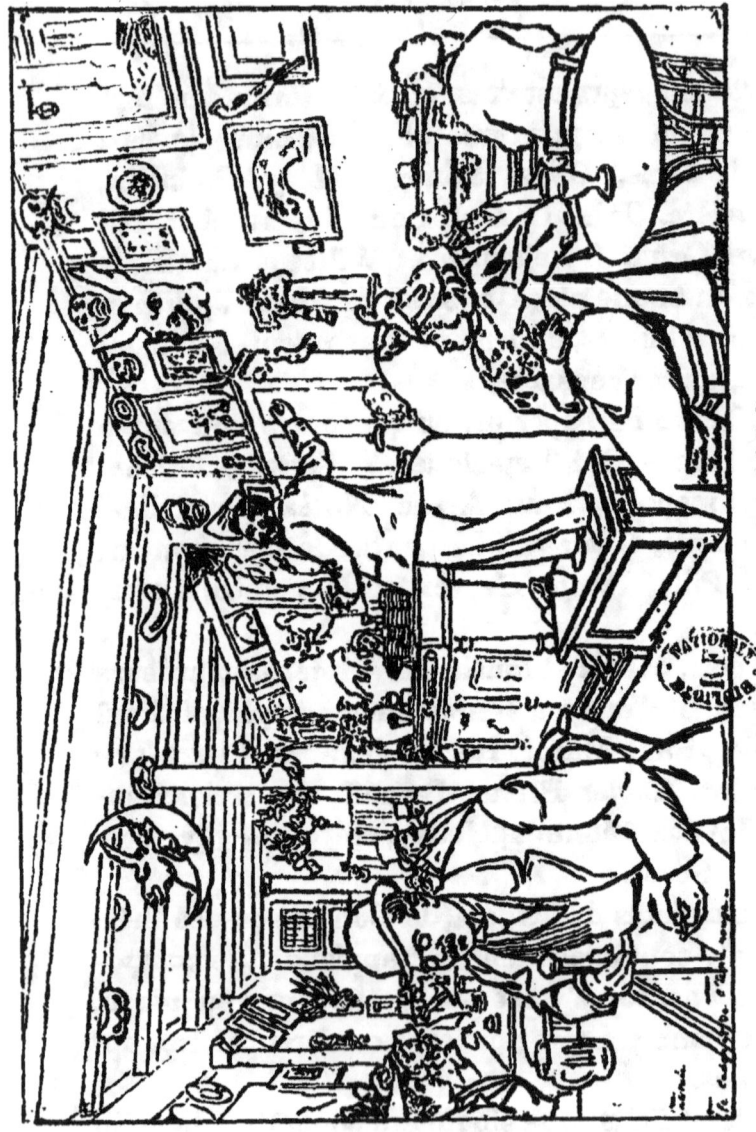

L'Ane Rouge. — Gabriel Salis.

17.

chante lui-même, et fort joliment, de vieilles chansons.

Au 14 Juillet, c'est certainement un des coins les plus animés et les plus gais de Montmartre, et l'on y danse aux sons fantastiques d'un orchestre d'amateurs pourvus de bigophones. Je m'en voudrais, en terminant, de ne pas indiquer, comme faisant partie de la galerie de l'Ane Rouge, une des premières toiles de Willette : *La Fédérée de la rue du Tertre*, qui fait l'objet de bien des convoitises, mais que Gabriel Salis garde religieusement pour lui, et les premières œuvres si originales de de Feure, qui figurent en ce moment à une exposition particulière pour laquelle Salis les a prêtées avec la meilleure grâce du monde.

LES ÉLÉPHANTS

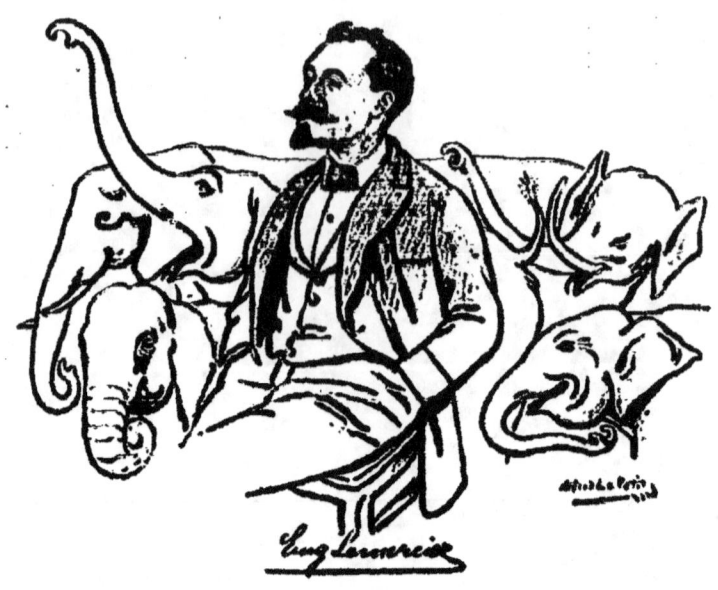

Un entêté, dans le bon sens du mot, qui veut bien ce qu'il veut et qui arrive, à force de volonté, de travail et d'énergie, à vaincre toutes les difficultés.

Il est bien arrivé à chanter, à s'accompagner au piano, à déchiffrer, et tout cela, sans autre professeur que lui-même, aidé de quelques bons conseils il est vrai, mais puissamment aidé, surtout, par une opiniâtre volonté, et cela est à noter, à souligner.

Eugène Lemercier est né à Paris en 1862. Il

fut un bon élève, un prix d'honneur même, et la gloire de la petite pension où il fit ses études.

C'est un poète-chansonnier dans toute l'acception du mot, qui sait composer des chansons satiriques, mordantes, vécues, mais toujours gaies et fort heureusement dépourvues d'un cynisme affecté, trop souvent à la mode aujourd'hui.

Berr, Laugier, Tarride, Yvette Guilbert, Amyot, Kam-Hill, l'ont tour à tour interprété avec succès, mais nul n'interprète mieux son œuvre que lui-même. Très timide, très impressionné au début, il devient, pourvu que le public l'accueille avec sympathie, un tout autre homme, et donne alors à ses chansons leur valeur réelle, leur expression absolue.

Lemercier débuta à *La Lyre bienfaisante*, se fit entendre à l'Association des Étudiants, entra à *La Lice chansonnière*, puis interpréta ses chansons au Chat Noir, où il eut de gros succès, aux 4 z'Arts, au Carillon, à l'Ane Rouge, aux soirées du Lyon d'Or, aux Décadents, où il est encore actuellement, ainsi qu'à l'Auberge des Adrets.

Lemercier, très prochainement, se fera entendre au Concert Parisien, où il interprétera *l'Éternel Roman*, un délicieux petit acte, musique du compositeur Dihau, qu'il créa au cabaret des Éléphants avec un énorme succès, et dans lequel il stupéfia

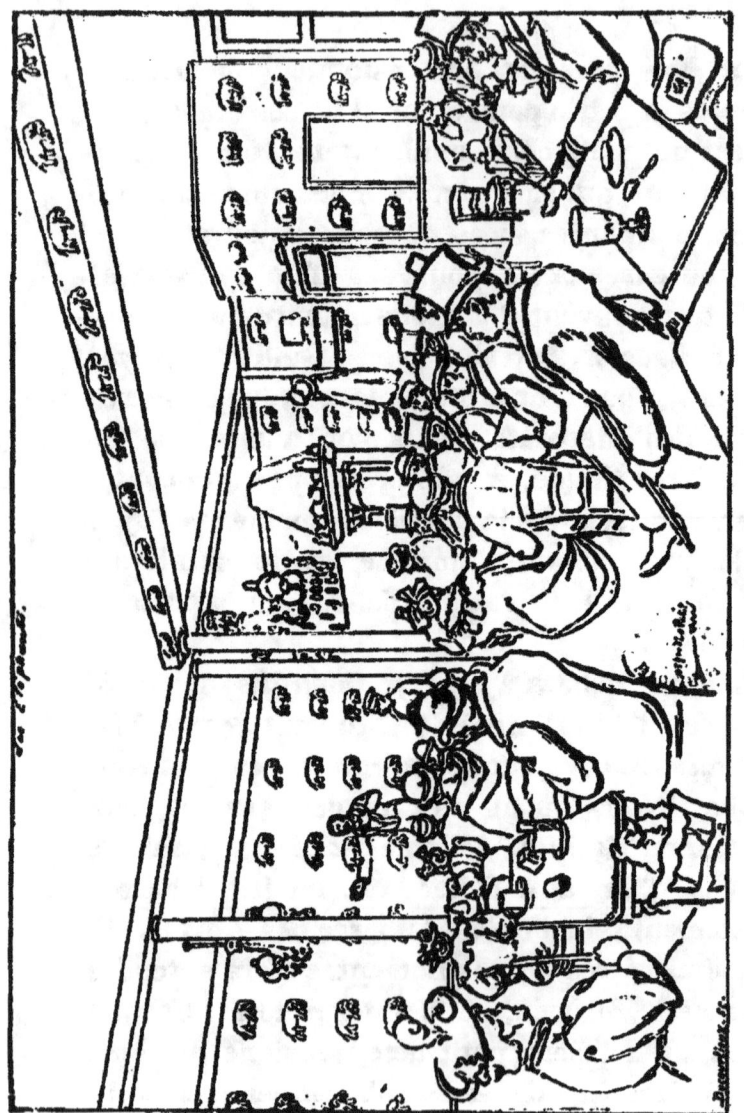

Les Eléphants.

Dihau par sa façon de chanter les couplets dans la note même où ils étaient écrits. J'ai dit plus haut qu'il arrivait toujours à faire ce qu'il avait décidé.

Aux 4 z'Arts, il fit représenter le premier une revue en chansons, *Tout pour les 4 z'Arts*, qui contribua beaucoup au succès de l'établissement et qui marchait allègrement vers la centième, lorsque des raisons toutes personnelles le firent se retirer.

Les interprètes étaient : Lemercier, l'auteur ; les chansonniers Teulet, Yon-Lug, le peintre Guiraud de Scévola, Paul Bobèche et Trombert.

Enfin, Lemercier a dirigé, pendant six mois, le cabaret des Éléphants, qui durerait encore si son commanditaire avait tenu l'engagement pris de laisser Lemercier diriger seul l'établissement. Les Éléphants eurent donc la vie courte, mais personne ne peut rien leur reprocher, si ce n'est d'avoir trop peu duré.

Eugène Lemercier a publié, chez Ondet, un volume de chansons intitulé *La Vie en Chansons*, et qui justifie pleinement son titre.

Quelques titres ! *Sarcey-Jésus-Christ ; Les Nègres blancs ; La Nudité de Lisette ; On dirait qu'c'est Toi ; A Cochin ; De Bébé à l'Église ; Le Chanteur amateur ; J'n'ai pas l'temps*, chanté par Delmarre plus de 500 soirs de suite ; puis *Les Impressions de Gu-*

gusse; *Le Restaurant des jours de dèche; La vieille Savonneuse; J'assiste à tous les Enterrements*, et enfin, *J'ai peur de n'être plus Anarchiste.*

> Un anarcho militant et fougueux
> Vient-il à faire un superbe héritage,
> S'il est logique, il doit avec les gueux
> Sans hésiter en faire le partage.
> Mon oncle Arthur gagna dans les safrans
> Un lourd magot que je suis à la piste :
> Or, j'en conviens, pour être des plus francs,
> Lorsque j'aurai ses huit cent mille francs,
> J'ai peur de n'plus être anarchiste.

Je pourrais en citer bien d'autres, je m'arrête. Lemercier prépare un second volume, *Chansons ironiques*, et, mais tout bas, pour n'être pas trop indiscret, un drame dont on parlera, tiré de... ah! voilà! le secret professionnel!

J'ajouterai pour finir, et pour montrer qu'avec de la persévérance on arrive à tout, surtout lorsqu'on a du talent, j'ajouterai, dis-je, que Lemercier est arrivé à vivre et à bien vivre du produit de ses chansons et du résultat de ses soirées.

Avis aux jeunes!

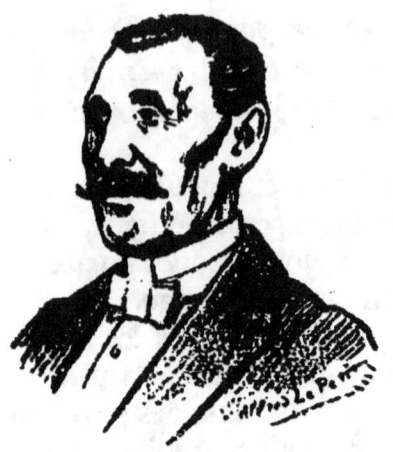

Emile Hauton

Très courte, très simple, l'histoire d'Émile Hauton, et telle qu'il la raconte, au surplus.

Parisien; se fit entendre au Chat Noir en 1892, puis, l'année suivante, fit partie de la *Lyre Gauloise*, fondée par Deransart, avec le concours de G. Tiercy, E. Lemercier, Hector Sombre, Victor Meusy, Paul Delmet, et, par intermittence, Bruant, sans compter quelques seigneurs de moindre importance.

Depuis, Émile Hauton a interprété ses chansons au Carillon, aux 4 z'Arts, aux Éléphants et au Grillon, que dirige Teulet. Ses chansons les plus connues : *Un Début dans le Monde; L'aimable*

*Guillotine; La Grève des Saints; Un Père anar-
chiste; La Princesse et l'Herboriste; Entre
Amis,* etc.

Hauton prépare, en ce moment, un volume qui,

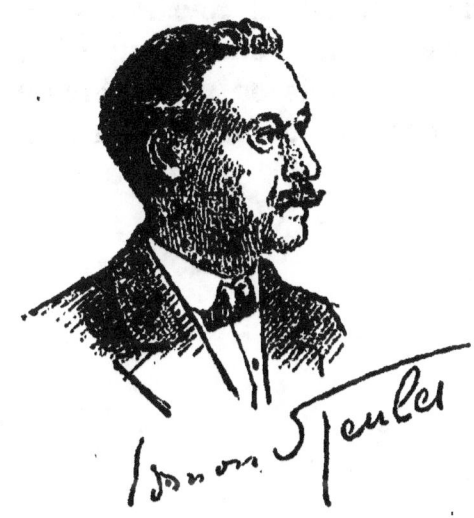

sous ce titre : *Entre deux bocks,* contiendra une
trentaine de pièces à dire et de chansons.

Il a collaboré à quelques journaux humoristiques et publie actuellement une série de nouvelles
dans la revue *La Grisette* et des articles fantai-
sistes dans *Le Grillon.*

Tous les ans, de mai à novembre, à l'instar des
ramoneurs, Émile Hauton disparaît de la circula-

tion parisienne. A-t-on besoin, absolument besoin de le rencontrer? Il n'y a qu'à fureter les bois et à chercher par terre.

En général, et pourvu que la saison soit belle, on le trouve paresseusement couché sur l'herbe, au pied d'un arbre suffisamment touffu pour le préserver des rayons plus ou moins ardents du soleil. Et c'est tout! La vie d'un sage, quoi!!!

LE COUP DE GUEULE

LE COUP DE GUEULE

Blédort, de Bercy de son vrai nom, ancien chansonnier « Au Jour le Jour », à *La Nation*, ayant appartenu au monde diplomatique comme secrétaire particulier de deux Ministres-Sud-Américains, prit la suite des Éléphants et intitula son nouvel établissement Le Coup de Gueule. On arrive, en entre, un tramway vous prend, ou mieux vous prenez un tramway sitôt entré, et deux secondes plus tard, ayant ainsi traversé le long boyau qui sert d'entrée, vous débarquez dans la salle du concert, où chacun peut se faire entendre. C'est tout, mais c'est original, et à Paris, il n'en faut souvent pas beaucoup plus pour réussir.

Sur les murs, moyennant cinq francs, dit le programme, chaque client peut faire inscrire son *coup de gueule*. Je lis : *Les lauriers sont coupés* (Abeilard); *Montmartre c'est moi!* (R. Salis);

Vive l'empleur! (G. Berry); *Tu n'auras pas ma Rose!* (l'Académie à Zola); *Que d' dos, que d' dos, que d' dos!* (Lépine); *Un petit sou, s. v. p.* (Séverine); *Ohé! les autres, ohé!* (Declercq); *Chantez toujours* (Portalis) et beaucoup d'autres choses que je vous demande la permission de ne pas reproduire, pour ne les pas déflorer.

Paul de Kerkadec a orné l'établissement d'originales peintures à la gouache, et Blédort annonce des merveilles. Sachons attendre!

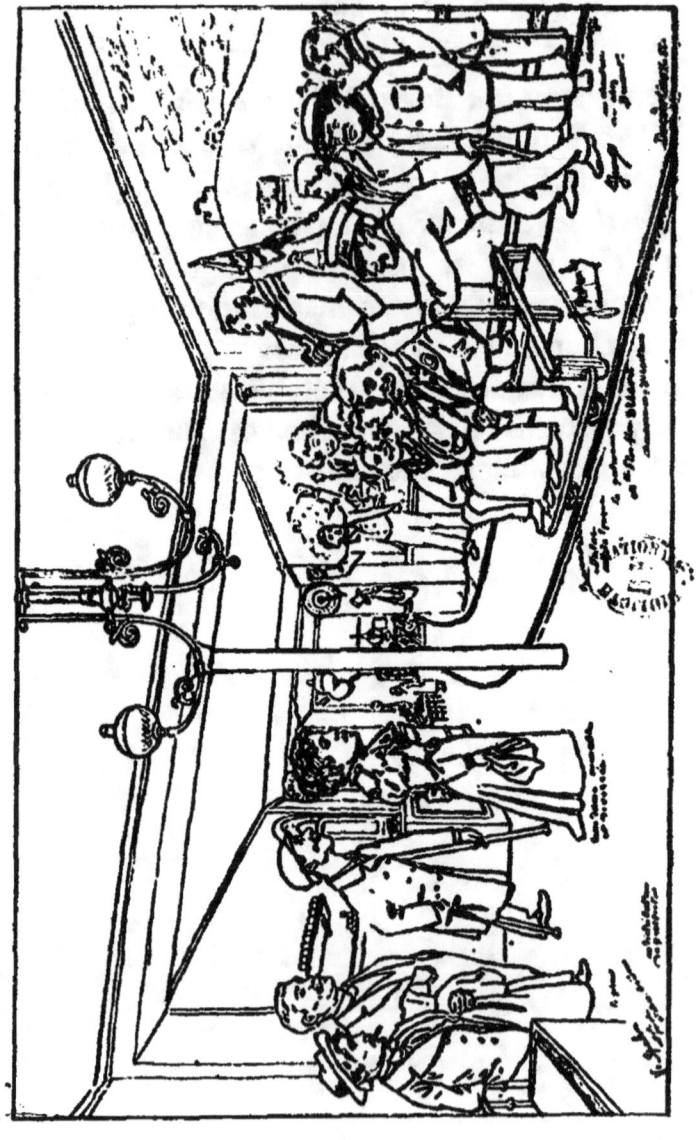

18.

ALFRED LE PETIT

ALFRED LE PETIT

Comment, Alfred Le Petit, l'un des maîtres de la caricature, *biographié* parmi les chansonniers?

Mais certainement, très certainement, et j'ajoute que c'est un titre auquel il tient beaucoup, celui de chansonnier, et qu'il le justifie. Mais, procédons par ordre.

Alfred Le Petit est né le 8 juillet 1841 au Masle (Seine-Inférieure); il fit ses études, mon Dieu, comme tout le monde et comme tous ceux que l'on destine à une carrière quelconque, il eut des goûts contraires à ceux que sa famille désirait lui voir. Le dessin l'attirait, l'art l'éblouissait. Son rêve était Paris. Un beau jour sa mère le chargea, l'heure pressant et le déjeuner s'apprêtant, d'aller jusque chez l'épicier voisin chercher deux sous de sel. Il revint cinq ans après! Je n'invente rien. En route, il avait rencontré un représentant de commerce qu'il connaissait et qui se rendait à Rouen, sans plus de réflexion il avait pris place dans sa voiture et... fouette cocher. Rouen, c'était un acheminement vers Paris. Inutile d'ajouter que sa famille le fit chercher partout, que la gendarmerie s'en mêla. Peine perdue.

D'ailleurs Le Petit, dans l'intervalle, avait écrit pour rassurer les siens et affirmer sa volonté. Le voici donc à Rouen, où il était arrivé, riche d'illusions et de quelqu'argent gagné en route à faire des portraits.

Il y suivit pendant près de trois ans des cours de peinture, obtint force médailles et fonda des journaux satiriques : *Le Tam-Tam* et *Le Tambour*, notamment, puis, désireux de se faire pardonner complètement le temps passé à chercher du sel, il revint vers les siens, couvert de médailles et de lauriers. On ne lui tint pas rigueur. Sa réputation ayant fait quelque bruit, les habitants de Beaucamp-le-Vieux (Somme) le chargèrent de confectionner un tableau pour le maître-autel de leur église.

. Il s'exécuta à la satisfaction générale et, le tableau terminé, les habitants enthousiastes le portèrent en triomphe sur sa propre toile faisant office de pavois. Hélas! le triomphe se changea bientôt en piteuse défaite, sous le poids de son

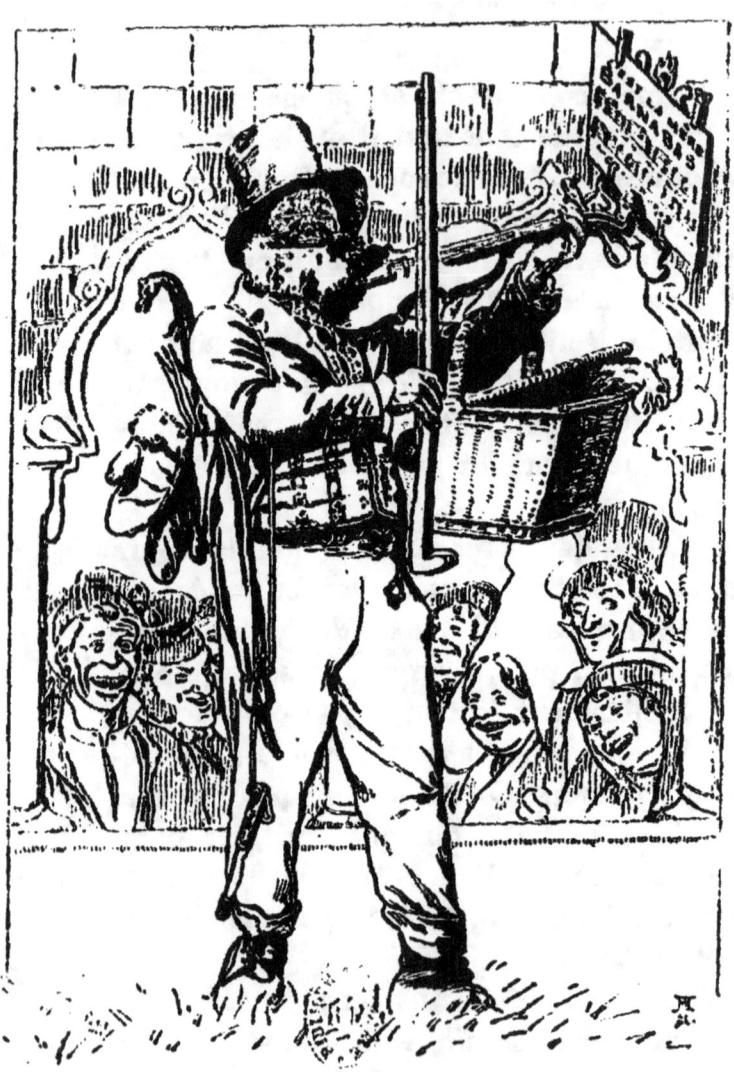

Alfred Le Petit / dans ses chansons normand.

corps la toile vint à crever et les gens de Beaucamp-le-Vieux l'accablèrent d'injures sous pré-
texte, la toile ayant cédé, qu'il avait fourni de la
mauvaise marchandise. Textuel!

Écœuré, il y avait de quoi, Le Petit retourna à
Rouen, y organisa une superbe cavalcade à propos d'une fête locale, y parut en « Mangin » et fit,
en quelques coups de crayon, le portrait du Préfet
à son balcon. Ce dernier, très flatté (car pour être
Préfet, on n'en est pas moins homme!) lui offrit
son appui et des lettres de recommandation pour
Paris!

Quelques jours après, un agent de police vint
en effet de la part du fonctionnaire manteau-bleu,
aviser Le Petit qu'il ait à se présenter à la Préfecture. Le Petit venait de commettre un délit,
oh! très léger, il avait, pour confectionner une gi-
belotte, écorché vif un chat du voisinage!

Il pensa qu'on le demandait pour le réprimander
et peut-être le condamner à une amende, il prit
peur, se cacha et ne revit jamais celui qui s'était
offert à le patronner.

Cependant il fallait arriver à Paris. Comment
faire; Le Petit n'avait pas un sou, mais il possédait un très modeste mobilier, et tenait à le con-
server. Comment déménager?

Il se mit en relations avec le patron d'un ba-

teau à charbons de la Compagnie Duchemin, déploya une diplomatie à rendre des points à M. de
Talleyrand, et se fit offrir le passage gratuit pour
son mobilier et lui par son nouvel ami le capitaine.

Enfin, il débarqua. Paris, Paris, Paris, tu n'as
pas ton pareil!!! Le Petit, je l'ai dit, n'avait pas
le sou ou si peu, mais il avait Paris.

Oui, mais il fallait vivre et se loger. La peinture,
sur laquelle il comptait beaucoup, lui créa des dé-
sillusions. Sans hésiter, il fit emplète d'un accor-
déon et se mit à chanter dans les cours. A cette
époque, il fit un peu tous les métiers, ce qui lui
valut de connaître et d'étudier à fond les dessous
de Paris, de ce Paris où il avait cru, comme tant
d'autres, n'avoir qu'à se présenter pour triompher!

Nous le retrouvons, par la suite, directeur de
plusieurs journaux où son talent de caricaturiste
fait merveille. Il dirige donc tour à tour, *La
Charge, Le Pétard, Le Sans-Culotte*, et publie
ses chansons, notamment *La Marseillaise des
Jésuites* qui lui rapporte net cinq mille francs. La
fortune, quoi!

Une de ses caricatures, parue dans *La Charge*,
ayant froissé la susceptibilité de Jules Ferry,
alors président du Conseil, ou plus justement la
susceptibilité des amis du président, il fut con-

damné à deux mois de prison et à 1,250 francs
d'amende, amère, oh! combien! — Sa peine terminée on le pria de quitter Sainte-Pélagie, il
compta le temps passé, reconnut qu'il avait encore dix heures de prison à faire, et refusa de
sortir, on dut se fâcher. Il se trouvait si bien à
Pélagie!

Voici d'ailleurs une chanson qu'il fit en en sortant.

A SAINTE-PÉLAGIE

a.

A Pélagie, tel que me voilà,
Pendant deux mois je fus logé, oui-dà,
Je vais vous dire les plaisirs qu'on a,
En séjournant dans cette prison-là.
D'abord, des dames du quartier Bréda,
De Paméla, de Léa, d'Amanda,
Je r'çois bouquets de camélia,
Tendres poulets, bonbons et cœtera.

é.

Que mon riflard soit ou non oublié
S'il pleut ici, je ne suis pas mouillé.

Par l'omnibus il serait malaisé,
En cet endroit, que je sois écrasé.
Sans bourse ouvrir je me trouve logé
Et ne crains pas qu'on me donne congé,
Enfin je sors, et si cela me plaît
Vingt fois par jour, je vais au... cabinet.

i.

Après avoir dormi jusqu'à midi
J'ai, pour manger, bouillon et bœuf lundi,
Pour varier bœuf et bouillon mardi.
Pour varier bouillon, bœuf mercredi,
Pour varier bœuf et bouillon jeudi,
Pour varier bouillon, bœuf vendredi,
Pour varier bœuf, bouillon samedi,
Dimanche, en rêve, on me sert du rôti.

o.

Au créancier, venant furioso,
Ma porte est close et je donne zéro,
Belle-maman, prise de vertigo,
Ne peut venir faire la virago.
Couché, chauffé, plus mangeaille à gogo.
Tout ça, combien? c'est gratis pro Deo.
Le soir, concert des plus « gracioso ».
Quand, sur les toits, les matous font *miaô!*

II.

Chère prison, contre toi prévenu,
Le détenu t'a toujours méconnu,
J'atteste, moi, pour terminer en u,
Qu'heureux mortel en tes bras retenu,
Sans que jamais il m'en coûte un écu,
Comme un rentier fort heureux, j'y vécu,
Et n'en sortis, soyez-en convaincu,
Que menacé d'avoir le pied au...

A la Salle des Capucines, Le Petit a fait, sous
ce titre : *Un Art Nouveau* des conférences chan-
tées et parlées, au cours desquelles il caricaturait
les gens dont il parlait. Il créa, avec L. de Peyra-
mont, le *Journal parlé* au théâtre de l'Athénée
que, d'ailleurs, il fit fermer, bien qu'on ait prétendu
le fermer pour cause de danger d'incendie.

Cette décision, un peu brutale, donna lieu à une
interpellation à la Chambre, où Clovis Hugues
prit la défense de Le Petit contre M° Waldeck-
Rousseau, le maître de la parole.

Alfred Le Petit a collaboré ou dirigé nombre de
journaux satiriques ou illustrés tels que : *L'É-
clipse, Le Charivari, Le Monde pour Rire, Le
Journal amusant*, etc., etc. Il a exposé et expose

encore, aux Indépendants, ses dessins et de superbes aquarelles, car il est peintre et aquarelliste
de beaucoup, beaucoup de talent, ainsi que l'a
prouvé, d'ailleurs, sa dernière exposition dont
on a parlé dans le monde artiste. Enfin,
j'ajouterai qu'il compose ses chansons, texte et
musique, qu'il les illustre, les interprète de très
amusante, de très curieuse façon en s'accompagnant au violon. Je citerai au nombre de ses
chansons : *La Mère Barnabas*, *Les 2 Tambours*,
Pauvre Toinette, *La Fille distraite*, *Le Droma-
daire*, *Le Malheureux Épicier*, *Rikorikirikiriko-
rikoïs* (à vos souhaits!); *Les Damnés*, *L'ivrogne*,
Chien perdu, *Végétarien*, *Le 13ᵉ Arrondissement*,
Le Grand Écart, *Poun et Kerkopitekos*, etc., etc.,
et tout particulièrement ses chansons normandes,
pleines de bonhomie, de fine ironie et de critique
exquise, qu'il dit, en costume exact et d'un scru-
puleux détail.

Alfred Le Petit habite, à Levallois-Perret, un
pavillon des plus curieux à visiter. C'est un véritable Musée où l'on rencontre, à côté de dessins et
de tableaux originaux de Poussin, de Corot, de
H. Vernet, de Lhermitte, etc., des masques de
peau humaine, des fœtus de tous âges, de toutes
tailles « petits et grands, de semblables, de différents, au fond de bocaux transparents » ainsi que

dans la ballade de Mac-Nab; et puis encore des coffres-forts moyen âge, des bottes Louis XIII, des collections d'insectes africains et j'en oublie. Il possède en outre une bibliothèque contenant six mille volumes, dont une grande partie du XVIIIᵉ siècle.

Pour terminer, je dirai que Le Petit adore les animaux, qu'il possède ce « facétieux personnage », comme disait Michelet, qui se nomme un corbeau; mais un corbeau qui parle comme vous et moi, avec une superbe voix de basse, en supposant que vous et moi ayons la superbe voix que j'indique.

Il possède également un lièvre apprivoisé, des singes, et enfin il a eu, pendant dix ans, des crapauds énormes, qui le connaissaient, le suivaient, qu'il a dessinés sous toutes leurs formes, ce qui lui a permis de faire une très curieuse exposition de portraits de crapauds dont toute la Presse a parlé, à l'époque.

Maintenant, chers lecteurs, vous connaissez Le Petit, mon collaborateur et ami, et pourtant je n'ai pas osé vous en dire tout le bien que j'en pense.

Il voudra bien m'en excuser.

TABLE DES MATIÈRES

TABLE DES MATIÈRES

Paris. — E. KAPP, imprimeur, 83, rue du Bac.

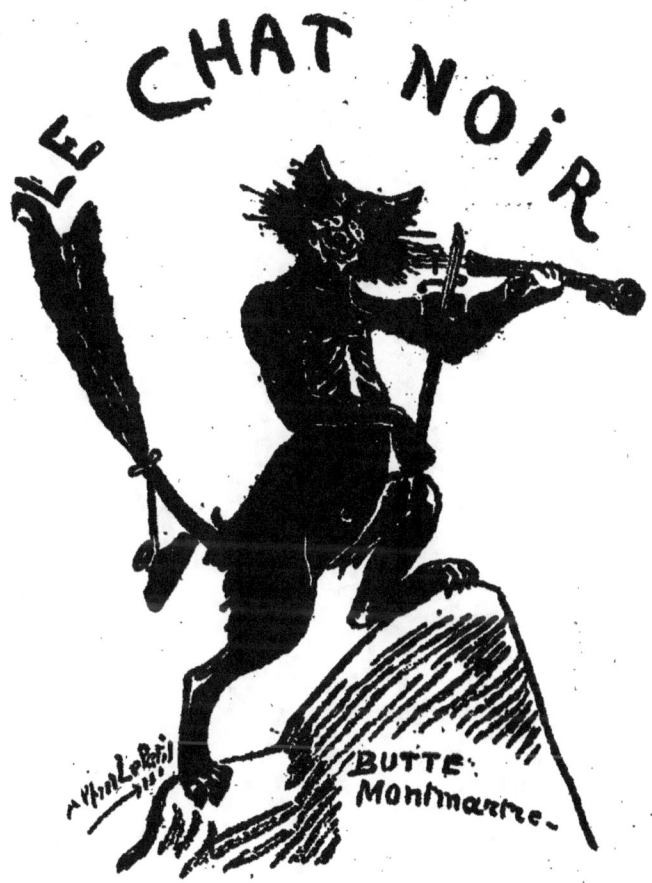

LE CHAT NOIR

BUTTE
Montmartre.

Paris. — E. Kapp, imprimeur, 85, rue du Bac.